Le petit mercure

Collection créée par Colline Faure-Poirée
Suivi éditorial par Jean-Michel Décimo

le 20.09.09

To Bernie,

Avec mon (notre)
affection sincère,

Sophie

and François

Le goût
de l'Afghanistan

Textes réunis et présentés
par Sophie Royer et François Trassard

Mercure de France

ISBN 978-2-7152-2566-4

SOMMAIRE

INTRODUCTION

« Lorsque Allah eut créé le reste du monde, il vit qu'il restait encore une grande partie de rebut, de morceaux dépareillés qui n'allaient nulle part. Alors il les ramassa et les jeta sur la terre ; ils devinrent l'Afghanistan. »

UN VIEIL AFGHAN ANONYME

« Oh, Grande Montagne, qui t'élèves si haut dans le ciel !

Combien de temps resteras-tu satisfaite de toi-même ?

Rien qu'un infime papillon, je n'en suis pas moins libre

De danser autour d'une fleur pendant que tu es enchaînée. »

KHALILULLAH KHALILI

Longtemps restée une terre lointaine et ignorée, l'Afghanistan a fait en 2001 une entrée spectaculaire sur la scène mondiale et les écrans de télévision : les attentats du World Trade Center – deux jours après l'assassinat du commandant Massoud – entraînent l'intervention des Américains dans le pays. Le refus des *taliban* de livrer Oussama ben Laden signe leur perte. En deux mois, leur terrifiant régime est balayé et les troupes de l'Alliance du Nord entrent dans Kaboul. Les parties afghanes réunies à Bonn décident de la création

7

d'une assemblée constituante, la Loya Jirga, tandis que les troupes de la coalition s'engagent dans la traque de ben Laden qui se cacherait dans les montagnes… Deux ans plus tard, la nouvelle constitution de l'État afghan est adoptée et la population appelée aux urnes : élection présidentielle en 2004 – qui confirme le président Hamid Karzaï dans ses fonctions –, élections législatives en 2005. Dans le même temps, la Force Internationale d'Assistance à la Sécurité (FIAS) placée sous commandement de l'OTAN a progressivement étendu son contrôle de Kaboul à l'ensemble des provinces : elle comptait environ 30 000 militaires en 2006. La situation est cependant loin d'être stabilisée, en particulier dans le Sud où l'on assiste à un retour offensif des *taliban*. Terriblement meurtri par des décennies de guerre, l'Afghanistan est aujourd'hui en ruine : restauration de l'autorité de l'État, reconstruction des infrastructures, retour à l'équilibre alimentaire, lutte contre le trafic d'opium, programmes de santé et d'éducation, sans oublier l'amélioration du statut des femmes…, les chantiers sont colossaux !

Mais au-delà de son actualité souvent tragique, relayée par des images-chocs, l'Afghanistan reste une contrée à nulle autre pareille, qui a fasciné et fascine encore tous ceux qui ont pu l'approcher. Sa situation géographique, son relief et son climat, tout semble concourir à faire de ce pays un monde à part, difficile d'accès, qui se mérite, peut-être… Un peu plus grand que la France mais ne comptant pas plus d'un tiers de ses habitants, l'Afghanistan est enclavé entre l'Iran, le Pakistan, et trois républiques d'Asie centrale (Turkménistan, Ouzbékistan et Tadjikistan). Un minuscule couloir mène par ailleurs à la frontière chinoise. Le pays est essentiellement constitué de hauts plateaux désertiques et d'impressionnantes montagnes qui forment l'extrémité de la chaîne de l'Himalaya. Le climat y est rude, caractérisé par de très fortes amplitudes thermiques et une sécheresse quasi constante : forte chaleur et poussière l'été, froid glacial et chutes de neige abondantes en hiver. Morcelée par la géographie, cette terre se partage depuis des siècles entre une mosaïque de peuples aux origines diverses, farouchement attachés à leur indépendance. Ce n'est qu'au XVIIIᵉ siècle que l'Afghanistan s'est constitué en royaume unifié et indépendant.

La succession dramatique d'événements qu'a connue le pays depuis la fin des années 70 (invasion soviétique, guerre civile, régime des *taliban*) a permis de célébrer la bravoure des Afghans, mais a aussi révélé leurs profondes divisions et un obscurantisme rétrograde. De nombreux intellectuels, poètes et écrivains – dont un grand nombre vit en exil – ont dépeint ces terribles décennies au goût de cendre. Témoins bouleversés des souffrances de leur peuple, tous n'ont pu trouver place dans cette anthologie, tel Atiq Rahimi ou Khaled Hosseini. Car l'Afghanistan occupe aussi une place privilégiée dans l'imaginaire de ceux qui sont en quête d'immensité, d'aventure, d'absolu. Et c'est rendre hommage à la puissante beauté de ce pays comme à l'hospitalité de ses habitants que de faire entendre la fascination que cet ailleurs a exercé sur le voyageur ; en quelque sorte un message d'espoir, venu du passé mais tourné vers l'avenir.

« Ils peuvent tuer toutes les hirondelles, ils n'empêcheront pas la venue du printemps », dit un proverbe afghan.

Sophie ROYER et François TRASSARD

VISIONS

ELLA MAILLART

À la porte d'un autre monde

À la veille de la Seconde Guerre mondiale, Ella Maillart et Annemarie Schwarzenbach quittent Genève, au volant d'un roadster Ford « De luxe », en direction de l'Afghanistan. Dans La Voie cruelle, *publié à Londres en 1947, Ella Maillart se souvient de ce moment unique où les deux Suissesses, réunies par le goût de l'aventure, atteignent enfin cette terre mythique après deux longs mois de voyage.*

Pleines d'une joie triomphante, nous bondissions, nous cahotions dans le désert. Il n'y avait plus d'obstacles entre nous et une splendide contrée fort peu connue, le pays des Afghans. À nous ses grandes montagnes, ses tribus magnifiques, ses rivières glacées, ses ruines « aussi vieilles que le monde », la paix de son isolement ! Nous poussions des cris de victoire, nous nous félicitions, je riais comme une gamine, je disais toutes les bêtises qui me couraient par la tête.

L'heure était belle.

Dans le noir de la nuit, nos phares formaient un trou de lumière. Surgissant de l'obscurité, d'immenses oiseaux à poitrail blanc nageaient sans effort sur notre fleuve lumineux. Ils se maintenaient ou se rétablissaient parfois à l'aide d'un bout d'aile brune ; à part cela, on ne voyait que la pâleur de leur vaste envergure. Pouvions-nous souhaiter plus somptueuse escorte ? Peut-être que Simurgh le noble vautour se trouvait parmi eux, nous surveillant ?

Un son étrange accompagnait le ronflement du moteur lorsque les durs chardons balayaient le dessous de notre carter. Parfois nous éclairions la silhouette inattendue de gigantesques ciguës dominant des lieues d'herbes desséchées.

Tout à coup, il fallut freiner : deux hommes – turban blanc, dents blanches, ample tunique blanche qu'un gilet ajustait à la taille, pantalon bouffant aux plis profonds – faisaient le geste de nous mettre en joue. Le moment et surtout leur attitude composaient une si parfaite introduction à l'Afghanistan qu'en riant je m'exclamai :

– Je vous l'avais bien dit ! Ne sont-ils pas splendides ?

Nous stoppâmes à leur hauteur. Un soldat – car c'était des soldats gardes-frontière que personne n'avait encore sanglés dans des uniformes kaki, Dieu merci – s'accroupit entre le radiateur et le pare-boue. Ayant rampé comme un chat sur notre dossier et sans pour cela lâcher son arme, l'autre se laissa tomber d'un bloc entre Christina et moi… et nous repartîmes.

La Voie cruelle
© Éditions Payot, 1991
© Éditions Payot & Rivages, 2001,
pour la dernière édition

KHONDEMIR

La cité de Dieu

« *Ce monde est comme la mer, le Khorasan comme l'huître,
Hérât comme la perle au milieu de cette huître* », écrivait le
poète Mostawfi Qazwini aux alentours du X*e* siècle. Cinq
cents ans plus tard, la ville est toujours considérée comme
l'une des plus extraordinaires cités du monde musulman ; en
témoigne la description enchantée de l'historien Khondemir
(vers 1475-vers 1536).

Depuis des jours nombreux, au cours des années
écoulées, la ville de Hérât fut sans cesse – et demeure
– la résidence des cheikhs éminents, l'asile des savants
consommés, le centre des hommes instruits et distin-
gués, le point de ralliement des érudits qui propagent les
connaissances. Son sol, en toute son étendue, est aussi
pur que la robe de la vierge Marie ; par leur finesse et
leur propreté, les graviers de ses ondes sont d'une plus
belle eau que les colliers faits des perles de la mer ; son
fleuve aux ondes légères attise le feu de la jalousie dans
le cours de l'eau de source ; tel le Messie, son air tem-
péré ressuscite ceux qui sont morts depuis cent ans.

(Vers) Son eau limpide fait l'honneur de cette terre ;
sur son sol se répand une pure eau de source.

Ses arbres sont aussi frais que ceux du paradis – le
Touba et le Lotus du septième ciel ; ses cours d'eau sont
emplis de gouttelettes prodiguées par le bassin para-

disiaque du Kautsar ; ses jardins agréables et sains rendent envieux ceux de l'Éden ; leurs plantes odoriférantes, riches d'éclat et de beauté, exhalent un parfum plus suave que le musc de Hotan et de Chine ; les terrasses de ses demeures et de ses édifices sont par leur hauteur les confidentes du ciel ; dans son atmosphère réconfortante, les oiseaux qui chantent harmonieusement accordent leur voix à celle de l'oiseau du céleste Lotus.

(Vers) Comparée avec sa coupole, celle des cieux est sans hauteur ; et le jardin du Paradis séduit moins que son territoire. Le ciel prend sa haute terrasse pour pivot de sa rotation ; et c'est sur son sacré parvis que les astres règlent leur marche.

On sait que l'oreille de l'entendement des gens attentifs à l'histoire des cités n'entendit jamais parler d'une ville semblable à Hérât ; il a été bien établi que l'œil du ciel éternel n'a jamais vu nulle part une telle masse d'habitants, bien que depuis des siècles il fasse le tour du monde. Les habitants de ce pays se tiennent de pied ferme et dans un esprit de sincérité sur la voie de la Loi promulguée par la plus excellente des créatures – Mahomet ; ceux qui résident en cette région forment une communauté qui se distingue ici-bas en protégeant le domaine de notre indiscutable religion et en aidant ceux qui combattent pour elle.

(Vers) Ses habitants sont tous de nature angélique ; ils sont tous, comme les élus, joyeux de cœur, et d'humeur douce.

Des diverses raretés qui se trouvent dans les pays et les cités de l'univers, ce qu'on peut désirer se rencontre à Hérât, tout préparé ; on y trouve en grand nombre les produits variés de l'art et de l'industrie dont on ne saurait obtenir les pareils en d'autres parties du monde.

Histoires des Seldjoukides (Khilasset Alakhbar),
traduction de Julien Dumoret, *Journal Asiatique,* 1834

Établie à l'extrême ouest de l'Afghanistan, Hérât est l'une des plus anciennes cités de la province historique du Khorasan. Elle a vu passer tous les grands conquérants de l'Histoire : Alexandre qui la rebaptise Alexandrie d'Arie en 329 avant notre ère, Gengis Khan qui la rase en 1221, tout comme le fera à son tour Tamerlan en 1381. Étape essentielle sur la route de la Soie et point de ralliement des caravanes venues d'Inde par Kandahar, la ville renaît vite de ses cendres. Au début du xvᵉ siècle, Hérât devient la capitale de l'empire timouride et connaît un rayonnement sans précédent. Véritable Florence de l'Orient, elle accueille les plus grands artistes de l'époque, le poète Djâmi, le miniaturiste Behzâd. Ghowar Shad, petite-fille de Gengis Khan, couvre sa capitale de monuments, parmi lesquels le Musalla qui est considéré comme un chef-d'œuvre de l'architecture musulmane. Malheureusement, les siècles suivants ne seront plus qu'instabilité et conflits dont Hérât sortira à chaque fois un peu plus meurtrie. Les bombardements soviétiques et la guerre civile ont achevé de ruiner l'antique cité dont seuls quelques minarets dangereusement inclinés rappellent aujourd'hui encore la splendeur passée.

ROBERT BYRON

Babel

Disparu prématurément en 1941 dans le torpillage de son navire par les Allemands, l'Anglais Robert Byron était un érudit et un esthète. À 28 ans, passionné d'art islamique, il se lance dans un périple à travers la Perse et l'Afghanistan. La Route d'Oxiane, compte rendu de son voyage publié en 1937, mêle les considérations sur l'architecture aux anecdotes et impressions saisies sur le vif.

Chaque matin, la cour de notre robat se transforme en marché. Nous nous éveillons au bruit de sabots des chevaux, de ballots qu'on décharge, de marchandages véhéments en persan et en türki. Sous notre véranda vient battre une mer de turbans – blancs, bleu sombre, roses, noirs, certains plats et larges, d'autres resserrés en forme de citrouille, d'autres encore noués à la diable, comme sortant d'une essoreuse. Ces marchands sont pour la plupart des Ouzbeks, aux traits accusés et à la barbe drue, tous vêtus de longues robes de chintz ou de soie, à rayures ou à motifs floraux, ou encore portant les grands bariolages rouges, pourpres, blancs et jaunes que l'on fabriquait à Boukhara et qui sont aujourd'hui passés de mode. Les hautes bottes de cuir ont des bouts recourbés en étrave de canoë, de hauts talons et le haut de la tige brodé. D'autres races se pressent dans le bazar : Afghans du Sud, Tadjiks d'expression persane,

Turkmènes et Hazarahs. Les Turkmènes de l'Oxus se différencient des tribus occidentales par la coiffure : au lieu du telpek noir, ils arborent un cône en peau d'agneau entouré d'un anneau de grossière fourrure chamois – du *sag-abi* («chien d'eau») paraît-il. S'agirait-il d'une sorte de loutre de l'Oxus ? Les Hazarahs, de souche mongole, sont les petits-fils des soldats de Timour ; essentiellement montagnards, ils vivent, à ce qu'on nous a dit, dans des conditions extrêmement précaires. Ceux que nous voyons présentent au contraire tous les signes de la prospérité : ce sont des hommes bien bâtis, avec de beaux visages ovales rappelant ceux des Chinois par le teint et le modelé des traits, vêtus de courtes vestes brodées assez semblables à celles que l'on voyait au Levant au siècle dernier. Quelques personnages exotiques taillent leur route à travers la foule – un marchand hindou, un derviche portant, enroulé autour de son cou, un serpent noir – vivant et venimeux – d'un peu plus d'un mètre de long, un petit homme en pantalon de coutil blanc et casquette de drap noir – le consul de Russie. Comme d'habitude, on ne voit aucune femme, mais il y a des fillettes avec des saris et des bijoux de nez à la mode indienne. Même les militaires ne parviennent pas à gâcher cette belle harmonie. Ce matin, un régiment a traversé le bazar – des jeunes gens aux traits creusés et à l'air maladif, une fois privés de leur turban ; mais le canon d'un fusil sur deux s'ornait d'une rose.

Route d'Oxiane,
traduit de l'anglais par Michel Pétris
© Quai Voltaire, 1990

À la croisée des chemins des mondes indien, perse et mongol, l'Afghanistan est constitué d'une mosaïque de peuples. Les Pashtouns ou «Afghans du Sud» sont les plus nombreux. Ils dominent les provinces méridionales jusqu'au Pakistan où on les appelle Pathans. Ils ne forment pas un ensemble homogène, mais sont regroupés en deux grandes confédérations, les Durrani et les Ghilzai. Créateurs de l'État afghan, ils occupent le pouvoir depuis le XVIIIe siècle. Hamid Karzaï est un pashtoun. Viennent ensuite les Tadjiks qui vivent essentiellement dans le Nord-Est, dans la célèbre vallée du Panjshir en particulier. Le commandant Massoud était tadjik. Ceux des montagnes se distinguent par leur religion : ils sont ismaéliens. Leur langue, le dari ou persan d'Afghanistan, est également parlée par les Hazaras. Ces derniers occupent le centre du pays, la région de Bamiyan. De confession chiite, ils sont en butte depuis des siècles aux agressions des Pashtouns sunnites. Les Ouzbeks, comme la minorité turkmène, sont d'origine turco-mongole. Ils sont localisés dans le nord-ouest du pays où ils sont arrivés en masse après l'annexion de l'émirat de Boukhara par les Soviétiques en 1920. Le général Dostom est ouzbek. À ces quatre groupes ethniques principaux, il faut encore ajouter les Aymaqs, les Baloutches, les Nouristanis, les Pachaïs...

ANDRÉ MALRAUX

La peur du vide

Dans Les Noyers de l'Altenburg *(1948), Malraux met en scène le choc de sa rencontre avec l'Afghanistan où il s'est rendu en 1930, à la recherche d'œuvres d'art gréco-bouddhiques. Le rôle attribué au père de son narrateur, espion au service d'Enver Pacha et des Allemands pendant la Première Guerre mondiale, n'est pas sans rappeler celui de Wasmuss, le Lawrence allemand, chargé de soulever l'Orient contre les Anglais.*

Il n'y avait pas d'Afghanistan. L'émir n'était que l'émir de Kaboul. Il faisait installer le téléphone, reliait la ville aux Indes par une ligne télégraphique ; mais, à cinquante kilomètres, commençait l'Islam primitif. Chaque khan payait le tribut s'il était faible, l'imposait s'il était fort. Et rien n'unissait la poussière nomade ou sédentaire qui s'étendait de la Perse à Samarkande, que la loi coranique.

De steppe en steppe, mon père, à qui une petite barbe en glaive donnait maintenant un visage anguleux de prince persan, discuta avec des khans qui ressemblaient à des corbeaux, à des cuisiniers obèses, à des vautours. Presque tous connaissaient le nom d'Enver, le général musulman vainqueur des chrétiens ; quant au reste, leurs réponses demeuraient flatteusement informes. Et mon père allait plus loin, rencontrait de nouveaux khans, quelques-unes semblables aux patriciens guerriers de l'hégire, d'autres à qui ne manquait que la lâcheté physique pour être de parfaits marchands de tapis. Il retrouvait les mêmes paroles minutieusement équivoques, le même malaise, le même néant. Et, redescendant du Pamir où les chameaux perdus appellent à travers les nuages, revenant des sables du Sud où des grillons plus gros que des écrevisses, dans les buissons d'épines, dressent au passage des caravanes leurs antennes sur leurs casques de chevaliers, il atteignait quelque ville couleur d'ossuaire. Sous la porte d'argile hérissée de poutres, rêvaient des cavaliers en haillons, jambes tendues sur les étriers ; au pied des habitations cachées comme les femmes, brillaient quelque crâne de cheval et des arêtes de poisson micacées dans le sable des rues sans fenêtres. Dehors, pas une feuille, et dedans, pas un meuble : les murs, le ciel et Dieu.

« Après trois ans, lui avait dit un caravanier, on oublie que le désert est vide... »

Les Noyers de l'Altenburg
© Éditions Gallimard, 1948

WILFRED THESIGER

Un monde nomade

« C'est le plus grand explorateur vivant ; il est de la dimension de Lawrence d'Arabie », disait de lui Jean Malaurie. Sir Wilfred Thesiger, né en Éthiopie, fils d'ambassadeur et ami personnel d'Haïlé Sélassié, est décédé en 2003 à l'âge de 93 ans. Rejetant le monde civilisé, il a préféré s'enfoncer dans les zones les plus désertiques d'Afrique et d'Arabie – encore inexplorées à l'époque –, partager la vie des Arabes des marais du Sud irakien, sillonner l'Iran, le Pakistan, l'Afghanistan. Nomade dans l'âme, cet homme hors du commun se passionnait naturellement pour les peuples voyageurs.

Je vis descendre vers nous, sur les pentes rendues presque incolores par la brume, une file continue d'hommes et de chameaux ; les nuages épars projetaient leurs ombres mobiles sur ce paysage sans forme. L'interminable caravane ne semblait pas suivre de direction bien claire ; elle ondulait, tournait et virait, disparaissait dans les creux et réapparaissait sur les crêtes. Après les fortes pluies de la veille, le temps était encore très agité, et les torrents cascadaient furieusement en dévalant les pentes montagneuses.

Nous mîmes pied à terre et nous écartâmes pour les laisser passer : chaque chameau est attaché à la queue du précédent ; ils sont chargés de tentes, de perches et des quelques meubles et possessions d'une population nomade; chaque chameau a une têtière tuftée en laine décorative, et de larges licous à pompons; beaucoup arborent des clochettes attachées au-dessus des genoux; il y a des ânes et des chevaux de bât; çà et là, de petits enfants et une femme ou deux, juchés sur le chargement; des femmes en vêtements volumineux, avec des voiles noirs par-dessus la tête, conduisent les rangées de chameaux; des hommes barbus et des jeunes gens glabres passent à grandes enjambées, coiffés de turbans et vêtus de gilets à motifs colorés et de longs manteaux; de gros chiens de garde, molosses formidables capables de tuer un loup, vont à pas lourds. J'avais vu les grandes tribus du nord de l'Arabie, j'avais vu les Bakhtiari en Iran, les Herki au Kurdistan et les Powindah descendant vers le Pakistan; mais pour quelque raison due peut-être au paysage, c'est mon souvenir de ces Kandari qui reste le plus vif.

Dans les montagnes d'Asie,
traduit de l'anglais par Alain Bories
© Éditions Hoëbeke, 2004

Si la grande majorité de la population afghane est sédentaire, le Sud-Est du pays est aussi parcouru depuis toujours par des tribus nomades. Reconnaissables à leurs vêtements brodés, leurs visages tatoués, leurs cheveux tressés et leurs bracelets d'argent, les *Kutchis*, « ceux qui se déplacent » étaient encore plus de 2,5 millions dans les années 1960 ! Mais la guerre, les bombardements, les mines et de terribles années de sécheresse – qui ont causé la mort de 75 % du bétail entre 1998 et 2002 – ont contraint la plupart de ces pashtouns nomades à une sédentarisation forcée et misérable. Aujourd'hui, seuls quelque 500 000 d'entre eux ont réussi à conserver, envers et contre tout, leur mode de vie ancestral.

MARCO POLO

« Ce pays est très riche »

Rédigé dans les dernières années du XIIIe siècle, le Livre des Merveilles de Marco Polo a connu d'emblée le succès. Le Vénitien n'est-il pas présenté dès 1303 comme « le plus grand voyageur et l'observateur le plus attentif qu'on ait jamais connu » ? Il faut dire qu'il apporte à l'Occident une somme d'informations sur l'Orient, énorme, inédite et d'actualité. Les pages consacrées à l'Afghanistan resteront longtemps l'une des principales sources d'information sur cette terra incognita.

Il y a aussi dans ce même pays une autre montagne où on trouve du lapis-lazuli et c'est le plus fin du monde ; on trouve aussi de l'argent dans une mine. Il y a encore d'autres montagnes et mines d'argent en très grande quantité en sorte que ce pays est très riche. La contrée est très froide. Sachez qu'il en provient d'excellents chevaux qui courent merveilleusement vite, n'ont pas de fer aux pieds et vont aisément par les montagnes et les mauvais chemins. De ces montagnes proviennent aussi des faucons sacrés qui sont excellents et volent bien. Il y a là des oiseaux en grande quantité, des faucons laniers et des bêtes à chasser. Ils ont un excellent blé et de l'orge sans son ; ils n'ont pas d'huile d'olive, mais de l'huile de sésame et de noix en quantité. Dans ce royaume il y a plusieurs passages étroits, dangereux et si difficiles qu'ils n'ont peur de personne et leurs cités et villages sont dans de grandes montagnes et des endroits très difficiles. Ce sont d'excellents archers et de bons chasseurs. La plupart d'entre eux se vêtent de peaux de bêtes, car ils manquent de drap. Les grandes dames et les nobles portent le drap comme je vais vous le dire : ils portent tous des culottes, les font en toile de coton et y mettent bien cent brasses, parfois moins de toile ; ils le font pour montrer qu'ils ont de grosses fesses, car ils aiment beaucoup ça. Nous vous avons tout dit sur ce royaume et nous vous parlerons d'un peuple différent qui se trouve au midi à dix journées de ce pays.

[...]

C'est un fait qu'au midi, à dix journées du Badakh-shan, il y a un pays appelé Nouristan. Les habitants ont une langue à eux, sont idolâtres et ont la peau brune. Ils s'y connaissent beaucoup en enchantements et magie diabolique. Les hommes portent aux oreilles des anneaux d'or, des boucles d'or et d'argent, pierres précieuses et perles. Ce sont des gens très portés au mal, mais versés dans leurs coutumes.

La description du monde

Bien que Marco Polo s'attache à décrire – autant que possible – les hommes et leurs mœurs, son texte ne manque jamais de mentionner également les richesses locales, susceptibles d'intéresser les marchands d'Occident. Il est ainsi le premier Européen à situer au Badakhshan, province du nord-est de l'Afghanistan, les mines du fameux lapis-lazuli qui alimentent le marché mondial depuis l'Antiquité. Tirant son nom de «lapis», pierre en latin, et «azul», bleu en arabe, cette roche d'un bleu magnifique est considérée depuis des millénaires comme une pierre précieuse. Des ornements en lapis ont été retrouvés dans une tombe de la vallée de l'Indus datée de 9 000 ans, mais c'est surtout l'Égypte ancienne qui en a fait grand usage, sous la forme de parures et plus encore d'amulettes. Dotée de vertus magiques et curatives, considérée comme un aphrodisiaque par les Romains, la pierre réduite en poudre est encore employée au XVIIe siècle en Occident comme remède contre la mélancolie. Enfin, c'est aussi la précieuse pierre afghane qui fournit pendant des siècles le pigment « bleu outremer » cher aux enlumineurs et aux peintres européens. Aujourd'hui, si deux autres veines importantes sont exploitées, près du lac Baïkal en Sibérie et dans les Andes chiliennes, les lapis-lazuli d'Afghanistan restent les premiers en qualité.

RUDYARD KIPLING

Terre d'aventure

Longtemps considéré comme le chantre de la grandeur de l'Empire britannique, Rudyard Kipling est d'abord un écrivain et un poète amoureux de l'Inde où il est né. C'est là qu'il fait ses classes d'auteur en multipliant les nouvelles, publiées dans la presse avant de paraître en recueils. Le futur lauréat du prix Nobel de littérature n'a que 23 ans lorsqu'il écrit L'Homme qui voulut être roi *(1888). La nouvelle raconte l'épopée fantastique de deux aventuriers sans scrupules décidés à se tailler un royaume en Afghanistan. Elle sera adaptée avec succès au cinéma en 1975 par John Huston, avec Sean Connery (Daniel Dravot) et Michael Caine (Peachey Carnehan).*

Nous ne sommes pas de petits hommes et nous n'avons peur de rien, que de la boisson, et nous avons signé un contrat sur ce point. *Donc*, nous nous en allons être rois.

– Rois de plein droit, murmura Dravot.

– Oui, c'est entendu, dis-je. Vous avez traîné vos guêtres au soleil, la nuit est plutôt chaude, et vous feriez peut-être mieux d'aller dormir sur votre idée. Venez demain.

– Ni coup de soleil ni verre de trop, dit Dravot. Voilà un an que nous dormons sur notre idée; nous avons besoin de voir des livres et des atlas, et nous avons conclu qu'il n'y a plus qu'un pays au monde où deux hommes à poigne puissent faire leur petit Sarawak[1]. Cela s'appelle le Kafiristan. À mon idée c'est dans le coin de l'Afghanistan, en haut et à droite, à moins de 300 milles de Peshawer. Ils ont trente-deux idoles, les païens de là-bas, nous ferons trente-trois. C'est un pays montagneux et les femmes de ces côtés sont très belles.

– Mais ça, c'est défendu dans le contrat, dit Carnehan. Ni femmes ni boisson, Daniel.

– C'est tout ce que nous savons, excepté que personne n'y est allé et qu'on s'y bat. Or, partout où l'on se bat, un homme qui sait dresser des hommes peut toujours être roi. Nous irons dans ce pays, et, au premier roi que nous trouverons, nous dirons : « Voulez-vous battre vos ennemis ? » et nous lui montrerons à instruire des recrues, car c'est ce que nous savons faire le mieux. Puis nous renverserons ce roi, nous saisirons le royaume et nous fonderons une dynastie.

– Vous vous ferez tailler en pièces à 50 milles passé la frontière, dis-je. Il vous faut traverser l'Afghanistan pour arriver dans ce pays-là. Ce n'est qu'un fouillis de montagnes, de pics et de glaciers que jamais Anglais n'a franchis. Les habitants sont de parfaites brutes, et, en admettant que vous arriviez à eux, il n'y aurait rien à faire.

– J'aime mieux ça, dit Carnehan. Si vous nous trouviez encore plus fous, ça nous ferait encore plus de plaisir. Nous sommes venus à vous pour nous renseigner sur ce pays, pour lire des livres qui en parlent et consul-

---

1. Allusion à l'aventure du voyageur Brooke, élu monarque absolu de l'État, de Sarawak, dans l'île de Bornéo.

ter vos cartes. Nous avons envie de nous faire traiter de fous et de voir vos livres.

Il se tourna vers la bibliothèque.

– Parlez-vous sérieusement, pour de bon ? dis-je.

– Un peu, dit Dravot, avec onction. Nous voulons votre plus grande carte, même s'il y a un blanc à la place du Kafiristan, et tous les livres que vous pouvez avoir. On sait lire, quoiqu'on n'ait pas reçu beaucoup d'éducation.

Je dépliai la grande carte de l'Inde à l'échelle de trente-deux milles au pouce, deux cartes de frontière plus petites, descendis péniblement le tome INF-KAN de *l'Encyclopædia britannica*, et mes hommes se mirent à les consulter.

Attention, dit Dravot, un doigt sur la carte. Jusqu'à Jagdallak, Peachey et moi nous connaissons la route. Nous sommes allés là avec l'armée de Roberts. À Jagdallak il faudra prendre à droite à travers le territoire de Laghmann. Puis nous entrons dans les montagnes. Quatorze mille, quinze mille pieds, il fera frais là-haut. Mais ça ne paraît pas très loin sur la carte.

Je lui passai les *Sources de l'Oxus*, par Wood. Carnehan était plongé dans *l'Encyclopædia*.

– Ils sont un tas, dit Dravot d'un air méditatif, et ça ne nous avancera guère de savoir les noms de leurs tribus. Plus il y aura de tribus et plus de batailles, tant mieux pour nous. De Jagdallak à Ashang. H' mm !

– Mais tous les renseignements sur la région sont aussi superficiels et aussi vagues que possible, protestai-je.

L'homme qui voulut être roi,
traduit de l'anglais par Louis Fabulet et Robert d'Humières
© Éditions Mercure de France, 1901

Situé au nord-est du pays, le Kâfiristân est une zone montagneuse qui ne peut être atteinte que par des cols à plus de 4 000 m. Particulièrement isolée, sa population a conservé ses croyances religieuses et ses rites animistes longtemps après l'islamisation du reste de la région ; ce qui lui a valu son nom de «pays des *Kafir*», des Infidèles. Au début du XXe siècle, une expédition militaire a fini par les convertir de force : les idoles ont été emmenées en trophée à Kaboul et le pays rebaptisé Nuristan. Quasi inexplorée, cette mystérieuse contrée a durablement alimenté les phantasmes de l'Occident : ses habitants cultivaient la vigne et buvaient du vin, ils présentaient un aspect physique souvent proche du type européen. Il n'en fallait pas plus pour imaginer que ces *Kafir* étaient en fait les descendants des soldats d'Alexandre le Grand… même si leurs mythes et leurs légendes ne recèlent pas la moindre trace d'influence grecque. Ces dernières années encore, plusieurs expéditions ont été financées par les lecteurs du journal britannique *The Spectator* afin d'effectuer des prélèvements d'ADN sur la population et tenter de résoudre, enfin, le mystère.

PETER LEVI

Au paradis

*Personnalité remarquable, Peter Levi (1931-2000) était tout
à la fois enseignant à Oxford, écrivain, poète, voyageur. Prê-
tre jésuite de 1964 à 1977, il avait renoncé à ses vœux pour
se marier. Le Jardin de Lumière du Roi Ange – un vers inscrit
sur la tombe du moghol Babur – relate le périple qu'il fit
en Afghanistan en 1970 avec Bruce Chatwin et sa femme.
Mêlant avec élégance l'érudition, la poésie et l'aventure, c'est
l'un des plus beaux livres dédiés à ce pays.*

Ce sont les fleuves et les montagnes qui ont fait de
ces vals derrière Bamiyan une espèce de paradis terrestre.
Tant que nous n'eûmes pas continué notre chemin, redescendant de ces tours en ruine, nous n'avions pas idée de
la richesse qui nous attendait. C'était une profusion plus
qu'alpine et, à mesure que nous avancions, elle ne cessait
de croître et d'embellir. Nous descendîmes le long d'une
série d'affluents jusqu'au moment où nous nous retrou-
vâmes au bord du Bamiyan, suivant l'eau qui décrivait
une ample courbe vers le bas, chaque fois qu'une rivière
se jetait dans une autre.

Les plus beaux coins de cette région se situaient en
altitude, mais pas dans les champs les plus élevés.
Le rugissement du vent, accompagné peut-être d'un
léger écho du bruit des eaux, s'était éteint quand nous
avions quitté le col et nous cheminions dans un univers

de paix, de tiédeur et de richesse. D'épais nuages blancs de reines-des-prés flottaient parmi les récoltes de grains, en même temps qu'une espèce de fenouil de grande taille dont la teinte beurre frais dominait le vert sombre des autres plantes. Je me rappelle qu'il y avait de la luzerne et des fleurs de haricot, de fort beaux becs-de-grue, de hautes vesces bleues et blanches et d'autres jaunes. L'oseille atteignait une taille monumentale, comme celle que je me rappelais avoir vue à l'école, vers l'âge de onze ans, en me tapissant dans les hautes herbes pour essayer de couper au match de cricket. Nous trouvâmes une campanule, d'un violet pâle et cireux avec un cœur orange, qui sentait affreusement mauvais ; elle avait la forme d'une sorte de jacinthe des prés stylisée et montée en graine. Il y avait aussi une autre variété de vesce, rose et blanche, couleur de trèfle, et de luxuriantes étendues d'un vert profond. Nous nous allongeâmes dans une petite prairie de minuscules vesces blanches et d'herbes hautes, parsemée de centaines d'orchidées et patrouillée par un insecte vert comme un petit pois. Les orchidées étaient d'un violet profond, souligné d'un violet plus profond encore. Ce fut là que nous vîmes de grands rochers assez semblables à du granit, fort joliment mouchetés de noir et de blanc, ce qui nous incita à nous arrêter ; ces rochers avaient de belles formes et ils étaient tapissés du même lichen ferrugineux que les rochers au milieu des ruines. À ce moment précis, j'aurais donné n'importe quoi pour pouvoir établir un ermitage et regarder les quatre saisons passer sur ces rochers, au cours des dix années suivantes.

Le jardin de lumière du Roi Ange,
traduit de l'anglais par Béatrice Vierne
Publié aux éditions du Rocher en 2002

TOURMENTES

SAYD BAHODINE MAJROUH

Arrivée du Grand Conquérant

Œuvre majeure du plus grand poète afghan contemporain,
Ego Monstre *est un immense chant épique, vision catastro-*
phique et prémonitoire du tourbillon de mort dans lequel est
plongé son pays. L'harmonie laisse la place au chaos, l'hor-
reur submerge l'émerveillement du monde… C'est l'éternelle
histoire des conquêtes, avec son cortège de destructions, de
violence, d'arbitraire.

Un jour, un jour comme à l'accoutumée…
Un jour que les oiseaux chantaient dans les jardins
    en fleurs, que les enfants riaient à la rivière, que les
    amoureux folâtraient dans les bois,
des nuages lourds menacèrent soudain, et s'assombrit
    l'horizon, et se leva un vent glacial portant
    l'impitoyable amertume et l'angoisse inconnue, qui
    enveloppa et fouailla la ville.
Quand le ciel couleur de sang fut prêt de couler
    derrière la terre,
quand le ciel couleur de sang permit de voir une
    silhouette,
quand le ciel couleur de sang accoucha sa douleur,
on distingua, sur fond de brumes rougeâtres, figure
    sinistre et droite avançant vers la ville,
un cavalier noir.
On se précipita : toutes, tous,

face à la sombre plaine, face au sang du ciel, face
   à l'inouï, visages et cœurs crispés comme jamais
   jusqu'alors,
d'attendre, de voir, de toucher peut-être
par-delà l'obscurcie
l'arrivée du Cavalier Noir.

Le Voyageur de Minuit,
traduit par Serge Sautreau
© Éditions Phébus, 2002

Soufi de la plus haute lignée, empreint d'humanité et de tolérance, Majrouh était aussi le fils d'un ancien ministre du roi et le doyen de la Faculté des lettres de Kaboul. Comme beaucoup d'autres, le coup de force soviétique de décembre 1979 l'obligea à se réfugier au Pakistan. «Bientôt la longueur du poil fit la loi, et quiconque ne s'affublait pas de la sacro-sainte barbe se voyait mis à l'index, mauvais homme et mauvais croyant...» Parce qu'il affirmait que le fanatisme ne peut être porteur d'espoir ni de vérité, le poète-philosophe a été assassiné en février 1988, la veille de son soixantième anniversaire, d'une rafale de mitraillette «anonyme».

QUINTE-CURCE

Dans les pas d'Alexandre le Grand

Historien latin du Iᵉʳ siècle de notre ère, Quinte-Curce est l'auteur d'une célèbre Histoire d'Alexandre *en dix volumes qui nous est parvenue mutilée et incomplète. Elle retrace la formidable épopée du célèbre conquérant qui bouleversa l'équilibre du monde antique. En 330/329 av. J.-C., Alexandre et son armée atteignent Hérât puis Kandahar et Kaboul. Pour rejoindre la Bactriane au nord, ils doivent affronter le climat glacial et les montagnes hostiles de l'Hindou Kouch.*

Quant au roi, il pénétra avec ses troupes chez une nation que ses voisins même connaissaient mal : car l'absence de commerce interdisait tout rapport de réciprocité. On appelle Parapamisades ces sortes de sauvages, les moins policés des Barbares ; l'âpreté du milieu physique avait encore endurci le caractère des hommes. Le pays s'oriente en grande partie vers le pôle glacial du Septentrion : sur l'Occident il rejoint la Bactriane, et la partie méridionale est en direction de la mer indienne. Les cabanes, fondations comprises, sont de briques ; et comme le terrain ne donne pas de bois, même sur la croupe dénudée des montagnes, cette même brique sert à édifier les maisons jusqu'à leur faîte. Mais la bâtisse, évasée du bas, diminue insensiblement de largeur à mesure qu'elle s'élève et, à la fin, elle se resserre à peu près en façon de carène. On laisse là une ouverture, et on reçoit la lumière par le haut. Les vignes et les arbres, qui ont pu résister en un pays si glacé, sont enfouis profondément. L'hiver, ils restent cachés dans leur trou et, quand l'hiver, dissipé, découvre le sol, ils sont rendus au ciel et au soleil. Mais la terre supporte une telle épaisseur de neiges, durcies par le gel et un froid à peu près ininterrompu, qu'on ne trouve même pas trace d'oiseaux ou de bêtes fauves. La lumière du ciel a plutôt l'obscurité d'une ombre : on dirait la nuit, si bien qu'on a peine à distinguer les objets qui sont à proximité. L'armée, isolée parmi cette absence si complète de civilisation, souffrit alors de tous les maux qu'il est possible d'endurer : famine, froid, épuisement, désespoir. Beaucoup périrent de la rigueur excessive de la glace ; beaucoup eurent ainsi les pieds brûlés ; davantage encore, les yeux. Ce fut surtout préjudiciable aux moins résistants : ils couchaient à même la glace leurs membres épuisés ; comme ils avaient cessé de bouger, la violence du froid les saisissait au point qu'ils étaient incapables de faire l'effort de se lever de nouveau. Leurs camarades cherchaient à les réveiller de cette torpeur, et l'unique remède était de les obliger à marcher. Ce n'est qu'une fois la chaleur vitale mise en mouvement que les membres recouvraient un peu de vigueur. Ceux qui purent arriver aux cabanes des Barbares ne tardèrent pas à se rétablir. Mais l'obscurité était si grande qu'il n'y avait pour signaler les demeures que leur fumée ; les habitants, qui n'avaient encore jamais vu un étranger dans leur pays, mis tout à coup en présence de ces gens armés furent affolés de peur, et ils apportaient tout ce qui était dans leurs cabanes, en priant qu'on épargnât leurs personnes. Le roi faisait à pied le tour de la colonne, relevant des soldats effondrés et offrant à d'autres, qui suivaient avec difficulté, l'appui de son propre corps ; ou en tête de marche ou au centre ou à la fin de la colonne, multipliant pour lui la fatigue du chemin, il était présent. On finit par atteindre une contrée plus civilisée, et l'abondance des vivres refit l'armée ; en même temps, les retardataires arrivèrent au camp établi là.

Puis l'armée s'avança jusqu'au mont du Caucase, dont la crête divise l'Asie de sa ligne continue. [...]

En dix-sept jours, l'armée traversa le Caucase. Il y a là un bloc rocheux de dix stades de circonférence et de plus de quatre de hauteur ; c'est là que, d'après une ancienne légende, Prométhée fut enchaîné. On choisit un emplacement pour bâtir une ville au pied de la montagne. Sept mille Macédoniens âgés et en outre les soldats dont le roi n'avait plus besoin furent autorisés à s'établir dans la ville nouvelle. Elle aussi, ses habitants l'appelèrent Alexandrie.

Histoires, tome II (Livres VII-X),
traduit du latin par H. Bardon
© Éditions Les Belles Lettres, 1965

La soumission de l'Afghanistan par Alexandre le Grand a donné naissance à d'étonnants royaumes grecs « du bout du monde ». À la mort du conquérant en 323 av. J.-C., le général Séleucos hérite de la partie orientale de l'empire. S'ils doivent abandonner l'est et le centre de l'Afghanistan au roi indien Chandragupta, les Séleucides conservent fermement l'ouest et le nord du pays. Mais lorsque les Parthes envahissent l'Iran, un siècle plus tard environ, les gouverneurs grecs de Bactriane se retrouvent isolés ; pour conserver leur pouvoir, ils se proclament rois. Combatifs, Diodotos, Démétrios et leurs successeurs profitent de la décadence de l'empire des Maurya pour reconquérir la région de Kaboul, le Gandhara et même le Pendjab. Ils y favorisent le développement d'une civilisation originale où se mêlent l'hellénisme et le bouddhisme et dont Ménandre/Milinda est resté la figure exemplaire. Venue des steppes d'Asie centrale, l'invasion des Kouchanes mettra fin, au tournant de notre ère, à l'épopée de ces souverains gréco-bactriens.

À l'ombre des «pyramides de têtes»

*Descendant de Tamerlan et de Gengis-Khan, Zadir-ud-din
Mohammad Babur (1483-1530) est surtout connu comme le
fondateur de l'empire Moghol. Mais, avant de conquérir les
Indes, ce redoutable chef de guerre s'est emparé du royaume
de Kaboul. Il lui faudra plusieurs années pour établir fermement les bases de sa puissance, en écrasant les tribus rebelles
à son autorité, comme ici en 1519. L'expédition est relatée
par Babur lui-même dans son autobiographie, document
exceptionnel connu sous le nom de* Babur Nama.

Nous quittâmes Kohat et remontâmes la route
de Hangu, en direction de Bangach. Entre Kohat et
Hangu, cette route rejoint une vallée entourée de montagnes. Nous prîmes cette vallée. Quand nous entrâmes
dans ce défilé, les Afghans de Kohat et des environs
qui s'étaient rassemblés sur la montagne des deux côtés
de la vallée, surgirent, poussant leur cri de guerre et à
grand renfort de clameurs. Notre guide dans cette marche, Malïk Bu Saïd Kamarï, qui connaissait très bien
tout l'Afghanistan, nous représenta qu'un peu plus loin,
à droite de la route, il y avait une montagne isolée où
il nous serait facile de cerner les Afghans et de nous
emparer d'eux, s'ils passaient, de la montagne où ils
se trouvaient, à cette autre. Dieu fit en sorte qu'il en
fût ainsi : les Afghans se scindèrent et escaladèrent cette

montagne isolée. Nous envoyâmes un groupe de guerriers s'emparer aussitôt de la crête entre les deux montagnes. Nous ordonnâmes aux autres gens de l'armée
de prendre par les pentes. Devant une telle attaque de
tous côtés, les Afghans ne purent même pas combattre.
On en abattit, en un instant, cent ou deux cents à coups
de sabre. On m'en amena certains vivants mais, pour
la plupart d'entre eux, on ne m'amena que leurs têtes.
Lorsque les Afghans ne sont plus en position de résister
à leur adversaire, ils se présentent devant lui avec de
l'herbe entre les dents, comme pour lui signifier : « Je
suis ton bœuf. » Nous fûmes témoins de cette coutume
là-bas. Incapables de nous résister, ils se présentèrent
devant nous avec de l'herbe entre les dents. On décapita
ceux qui avaient été amenés vivants et on dressa une
pyramide de têtes dans le camp.

Le lendemain, on leva le camp et nous allâmes faire
halte à Hangu. Les Afghans de ces parages avaient fait
un sengir d'une montagne isolée. C'est en arrivant à
Kabul que j'entendis pour la première fois ce mot. Ici,
quand les gens se fortifient sur une montagne, ils l'appellent sengir. Nos hommes forcèrent le sengir, coupè-
rent cent ou deux cents têtes d'Afghans rebelles et me
les apportèrent. Ici aussi, nous fîmes une pyramide de
têtes.

Le livre de Babur,
traduit du turc tchaghatay
par J.-L. Bacqué-Grammont et Mohibbul Hasan
© Unesco, 1980

Fidèle à la tradition mongole, Babur fait la guerre sans états d'âme. Toutefois, on ne saurait le comparer à son illustre ancêtre, Gengis Khan, dont les hordes se sont abattues sur l'Afghanistan en 1221, massacrant la population, brûlant les villes, détruisant même volontairement les canaux d'irrigation. Selon les mots de René Grousset, «c'était vraiment, comme après une catastrophe cosmique, la mort de la terre». À Bamiyan, un de ses petits-fils ayant été tué pendant l'assaut, le Grand Conquérant fit passer au fil de l'épée tous les habitants, réfugiés dans la forteresse de Shahr-e Gholghola. Elle en a conservé le surnom de «cité des hurlements». On raconte aussi, comble de la tragédie, que c'est la fille du roi de la cité elle-même qui aurait ouvert une poterne aux assiégeants… pour se venger de sa belle-mère.

MICHAEL BARRY

Les envahisseurs

Reconnu comme l'un des meilleurs spécialistes de l'Afghanistan, Michael Barry rappelle dans Le Royaume de *l'insolence l'échec dramatique de la première tentative britannique pour prendre le contrôle de l'Afghanistan. Arrivé à Kaboul en août 1839, le corps expéditionnaire anglo-indien se retrouve totalement isolé, un an plus tard, par suite de la révolte générale des tribus et de l'impéritie du commandement. Le 6 janvier 1842, le général Elphinstone abandonne la ville et prend la route des Indes. L'armée de 4 500 hommes est accompagnée par plus de 10 000 non-combattants, femmes et enfants de soldats, serviteurs et prostituées… La retraite tourne à la débâcle.*

La nuit du 11 au 12, un refroidissement entraîne une chute de neige sur le désert et des nouveaux morts dans l'armée. Les montagnards tirent dans le noir au hasard. L'armée fuit. Des détachements afghans se mêlent aux fugitifs et les sabrent. À l'aube, la troupe agonisante se heurte dans un défilé à un mur d'épines dressé par les paysans. Les cavaliers, quelques soldats franchissent le barrage ; d'autres s'accrochent aux épines, de rage tirent sur leurs compagnons à cheval, et meurent crucifiés sur la haie. Les survivants traînent tout le jour dans une plaine grise, guéent une rivière au milieu de la nuit, les Afghans les attendent sur la rive et les tuent dans l'eau.

L'aube du 13, 70 rescapés anglais, 4 soldats du contingent indien et 300 survivants de la valetaille montent sur la butte de Gandamak pour attendre l'assaut final. Un Afghan engage des pourparlers ; les Anglais refusent de livrer leurs armes – vingt mousquets. Les Afghans les achèvent au fusil et au sabre.

Sept prisonniers, dont l'un s'est entouré le corps de l'Union Jack.

Cinq cavaliers anglais s'étaient détachés et continuent à fuir. Ils tombent dans les champs d'un village, éperonnent leurs chevaux exténués en les piquant au sabre. Une grêle de pierres et de plombs de mousquets en abat quatre.

35 kilomètres plus loin, le chirurgien Brydon, seul, sur un cheval mourant, apporte au fort britannique de Djalâlâbâd la nouvelle de l'extermination d'une armée de 16 000 âmes en une semaine.

Le Royaume de l'insolence
© Éditions Flammarion, 2002

À la suite de cette terrible défaite, les Britanniques reviennent en force pour venger l'humiliation. La progression de l'armée commandée par le général Pollock, surnommée « l'Armée du Châtiment », s'accompagne de sauvages massacres de population. Mais après avoir atteint Kaboul et Bamiyan, après avoir libéré les prisonniers faits par les Afghans en janvier 1842, la « colonne infernale » quitte définitivement le pays.

Malgré cette expédition punitive, la retraite catastrophique d'Elphinstone n'en eut pas moins de lourdes conséquences. Pour la première fois, une armée anglaise avait été battue en Asie : le mythe de son invincibilité prenait fin subitement. Cet effroyable échec militaire confortera la révolte des Cipayes indiens de 1857 et contribuera aussi à forger la légende d'un Afghanistan peuplé d'irréductibles guerriers.

SHAH BAZGAR

Combattants de la liberté

Après la prise du pouvoir en Afghanistan par les Soviétiques en 1979, Shah Bazgar, docteur en biophysique, chercheur au CNRS, abandonne ses recherches sur le cancer pour rejoindre la résistance. L'ouvrage qu'il publie en 1987, avec l'aide de Régis Guyotat, est le premier livre qui témoigne directement de la lutte menée par les moudjahidin. *Deux ans plus tard, Bazgar sera tué dans une embuscade alors qu'il effectuait un reportage.*

Le résistant le plus populaire de Kandahar est un magnifique vieillard à barbe blanche, aux yeux rieurs et inquiétants. Personne ne sait au juste, et sans doute lui-même, l'âge d'Hadji Baba, peut-être plus de soixante-quinze ans. Mais les 200 guerriers qu'il a sous ses ordres sont bien réels. Durant les combats, on le voit courir en tous sens, encourager ses hommes, secourir les blessés, et durant les accalmies se promener suivi par une ribambelle d'enfants. Hadji Baba est l'ancien chef de la confrérie des « païlotch », une corporation de bandits d'honneur, mi-brigands mi-défenseurs de la veuve et de l'orphelin, une secte aux rites initiatiques cruels. Les païlotch ont pris fait et cause pour la résistance, ils sont devenus plus que des modjaheddin, mais de formidables combattants, conservant cette gaieté propre aux Kandaharis. Ils font leurs prières cinq fois par jour : la

guerre les a remis dans le droit chemin de l'islam dont
ils s'étaient singulièrement écartés. Étonnant contraste
avec les hors-la-loi, les petits trafiquants qui couraient
naguère dans les rues de Kaboul, et qui occupent à présent des fonctions importantes dans l'appareil du P.C. !

Je passe plusieurs soirées avec Hadji Baba au milieu
de ses hommes. Couché nonchalamment sur le côté, le
vieillard impérial se transforme en merveilleux conteur,
à la verve fleurie, mêlant le fantastique aux histoires
drôles, tandis que le cercle grossit autour de lui. Ses
guerriers intraitables blaguent, dansent, jouent de la
musique tout en fumant ; d'autres continuent à bricoler
leur 4x4, bourrent l'intérieur des cabines de gadgets,
montent des autoradios à cassettes, ou de faux télépho-
nes. Ils rendent gaie la guerre.

Afghanistan, la résistance au cœur
© Éditions Denoël, 1987

Depuis des siècles, les Afghans s'épuisent dans des luttes
fratricides qui se traduisent par une instabilité chronique
du pouvoir, faite d'assassinats – l'émir Habiboullâh en
1919, le roi Nâder Shah en 1933 –, et de coups d'État
successifs – républicain en 1973, communiste en 1978.
Tout comme les Britanniques au XIXᵉ siècle, les Soviétiques
y ont vu l'occasion de prendre le contrôle du pays. Si la
résistance des Afghans face à l'envahisseur s'est révélée
héroïque – d'autant plus que beaucoup de *moudjahidin*
étaient de simples paysans –, on ne doit pas oublier
qu'elle se doublait d'une véritable guerre civile opposant
une kyrielle de partis politiques établis sur des bases
ethniques (pashtounes, hazara, tadjiks...), religieuses
(sunnites, chiites, ismaéliens...) et idéologiques (conser-
vateurs, révolutionnaires, fondamentalistes...). Le retrait

des troupes soviétiques en 1989 laissera d'ailleurs libre cours aux appétits de chacun, entraînant la destruction de Kaboul et la quasi-disparition de l'État afghan. Ce champ de ruines ne pouvait que favoriser la convoitise du Pakistan, qui apporte tout son soutien aux *taliban*, les « étudiants en religion ». Ils s'emparent de presque tout le pays en 1995 et établissent l'émirat islamique d'Afghanistan.

OLIVIER WEBER

En terre pieuse et pure

Au prétexte d'une enquête sur les faucons afghans, rapaces très recherchés pour la chasse au vol, le journaliste et écrivain Olivier Weber parcourt l'Afghanistan des taliban pendant un mois. Il en rapporte un témoignage documenté sur la vie dans un pays contrôlé par des fanatiques musulmans. Obscurantiste jusqu'à l'absurde et imprégné d'hypocrisie, ce régime peut prêter parfois à sourire. Mais l'intégrisme religieux se met aussi en scène dans de sanglantes exécutions publiques qui lui donnent un tout autre visage.

Au stade de Kaboul, la populace s'est assemblée religieusement, en silence, sous le regard des gardes talibans dûment armés, bâton en main. Il est deux heures de l'après-midi, et le *qazi* Saïd Abdulrahman, juge de la « cour islamique militaire », homme à la barbe blanche, annonce devant un mégaphone que l'on va juger un voleur et un meurtrier, le premier déclenchant peu d'applaudissements mais le second beaucoup plus, comme si le petit peuple sous la coupe des talibans manifestait décidément un goût immodéré pour le sang. Et pendant l'après-midi s'ensuit une litanie de déclarations, d'accusations, d'histoires de *qazi*, tout l'Afghanistan semble défiler sous nos yeux, son histoire et sa soif de vengeance aussi, de telle sorte qu'au bout de deux heures le public se retrouve chauffé à blanc sûrement plus que pour le match de football, n'en déplaise à Ali. Le *qazi* s'emporte, s'époumone, comme s'il tenait là l'affaire de sa vie, attendue depuis des décennies : « Aujourd'hui, on va appliquer le Coran, chaque meurtre doit entraîner des représailles. » Et le *qazi* s'excuse de cette demande de sang face au haut-parleur : « Avant, avec un meurtre, on se payait une vendetta pour des mois, maintenant c'est fini, on exécute en public pour rétablir l'ordre et assurer une atmosphère pacifique. » Le *qazi* évoque alors l'or des montagnes, les torrents qui dévalent les versants pour chercher le fleuve, et l'histoire d'un tel et d'un tel, tout ça pour aboutir à une question posée au père de la victime et qui se résume à : « Tu lui accordes ton pardon, oui ou non ? » La main sur la poitrine, le père de la victime, un homme à la barbe blanche et aux yeux brillants, sans doute animés par le désir de vengeance, assis près de la tribune d'honneur, répond que tant que l'or surgira des montagnes, tant que les torrents couleront vers les fleuves, tant qu'un tel ou un tel vivra, il ne pourra jamais accorder de pardon à ce fils de chien, que la honte soit sur lui, ce bâtard couvert d'excréments qui lui a pris un fils. La foule exulte, encense le père, lequel a probablement senti que, s'il avait accordé son pardon, il aurait dû affronter la colère de centaines de badauds. Pour commencer, le *qazi* fait venir le voleur, un gars de vingt ans au physique de garçon boucher et au cou de taureau, placé à cinq mètres du centre du terrain. Trois talibans, présentés comme médecins et le visage soigneusement couvert par une espèce de cagoule blanche qui leur donne des allures de militants du Ku Klux Klan, se saisissent du coupable, un voleur de montres et d'une somme d'argent non négligeable, l'anesthésient au niveau du bras, lui garrottent l'avant-bras, découpent au scalpel son poignet, puis jettent la main sanguinolente au milieu du terrain, comme s'il s'agissait d'un début de match, dans un murmure de ravissement qui ondule sur les gradins. Un garde gras et en chemise blanche se penche et s'empare alors du membre amputé pour se promener, hilare, devant le public déchaîné, de plus en plus hystérique, les narguant, « qui veut la main ? », tandis que quelques étudiants talibans, les yeux maquillés de khôl, promettent le même sort à tout voleur, à condition que le larcin dépasse trois cent mille afghanis, soit trente francs, et une main coupée pour ce voleur-là, qui a dérobé l'équivalent de treize fois ce montant, il s'en sort bien, crie un taliban, encore heureux qu'il n'ait pas eu aussi le pied coupé.

Le faucon afghan,
Voyage au pays des talibans
© Éditions Robert Laffont, 2001

SPÔJMAÏ ZARIÂB

Souvenirs de petite fille

Spôjmaï Zariâb est née à Kaboul en 1949. Elle a connu l'époque d'émancipation durant laquelle, sous le règne de Zaher Chah, les femmes afghanes ont le droit de faire des études, de travailler, de ne plus porter le voile. Cette période de liberté et de démocratisation du pays prend fin en 1973 avec le coup d'État de Daoud, qui prépare le terrain à l'arrivée des communistes. Peu à peu, l'Afghanistan retrouve ses vieux démons, les traditions obscurantistes reprennent leurs droits. Malgré les risques encourus, Spôjmaï Zariâb écrit pour dénoncer l'oppression. À l'arrivée des taliban, elle doit quitter l'Afghanistan pour s'exiler en France. Elle a publié plusieurs recueils de nouvelles au cœur desquelles résonnent la souffrance, la révolte, mais aussi l'espoir des femmes afghanes en un avenir respectueux de leur être.

Quand l'aveugle arrivait, ma mère, le moins du monde troublée et sans se presser, le faisait asseoir à la place des invités, approchait de lui son plus beau coussin et, avec un calme et une tranquillité qu'on ne lui connaissait que rarement, s'asseyait et entamait la conversation. Elle ne cachait pas sa bouche avec son foulard, ne se préoccupait même pas de savoir s'il avait glissé du haut de sa tête et laissait voir sa chevelure, d'un noir de jais. Elle ne se préoccupait pas plus de ses bras et de ses jambes, ni de savoir si, par hasard, on les voyait dépasser plus qu'il n'est de rigueur sous la manche ou le pan de sa robe. Elle

55

ne jetait pas le moindre regard anxieux autour d'elle et ne baissait pas les yeux, les mots ne lui manquaient pas, elle n'avait pas besoin de les chercher désespérément et elle pouvait parler sans reprendre son souffle, sans les hacher, sans la moindre nervosité.

J'en venais parfois à souhaiter, avec une sorte d'innocente cruauté, que tous les hommes du monde perdent la vue pour que ma mère puisse s'asseoir tranquillement avec eux et entamer la conversation sans avoir à cacher sa bouche avec son voile, pour que ses lèvres roses puissent se mouvoir avec langueur, s'étirer et laisser apparaître une à une, dans un sourire, la blancheur de ses dents et qu'ainsi elle nous fasse rayonner nous aussi, la maison et moi. J'en venais parfois à souhaiter, avec cette innocente cruauté, que tous les hommes du monde perdent la vue pour que ma mère n'ait plus besoin, en présence d'un homme, de cacher constamment ses cheveux avec son voile, d'un geste nerveux et angoissé, et qu'elle puisse laisser sa longue chevelure d'un noir de jais se refléter et briller dans la lumière du soleil. Parfois, avec cette innocente cruauté, je souhaitais que tous les hommes du monde perdent la vue pour que les bras et les jambes de ma mère n'aient plus besoin de se dissimuler dans ses manches ou sous un pan de sa robe, pour qu'elle n'ait plus à baisser les yeux, qu'elle ne perde plus ses mots et qu'elle n'ait plus à les chercher en jetant autour d'elle des regards éperdus, mais qu'au contraire ils se répandent comme une onde de beauté et de sérénité.

Dessine-moi un coq,
traduit du persan par Didier Leroy
© Éditions de l'Aube, 2003

AFP

Les Bouddhas de Bamiyan

LES BOUDDHAS DE BAMIYAN PRESQUE COMPLÈTEMENT DÉTRUITS, SELON LES TALIBAN

samedi 10 mars 2001, 15 h 55

KABOUL, 10 mars (AFP) – Le plus grand bouddha debout du monde, vieux de plus de 1 500 ans, a été presque entièrement détruit à Bamiyan (centre de l'Afghanistan) dans le cadre de la campagne de destruction de la statuaire préislamique par les taliban, a annoncé samedi un officiel taliban.

Le travail de démolition des bouddhas – qui a provoqué une immense vague de protestation dans le monde – « arrive à son terme », a affirmé Abdul Hai Mutmaen, porte-parole des taliban et secrétaire personnel du mollah Mohamed Omar, le chef suprême des « étudiants en théologie » au pouvoir.

Les bouddhas de Bamiyan, construits entre le IIe et le Ve siècle de notre ère, « ont été détruits à 80 ou 90 % », a ajouté Mutmaen joint au téléphone à Kandahar, ville du sud du pays où se trouve le quartier général de la milice islamique qui a imposé en Afghanistan un régime islamique ultra-puritain.

Ces informations n'ont pu être contrôlées de source indépendante.

Le 26 février dernier, le mollah Omar a ordonné la destruction de toute la statuaire afghane, notamment les statues bouddhiques, pour prévenir un retour de « l'idolâtrie » préislamique. Dans son décret, le mollah Omar a ordonné la destruction de « toutes les statues » bouddhiques du pays car elles « ont été utilisées auparavant comme des idoles et des divinités par les incroyants qui leur vouaient un culte ».

« Aujourd'hui, ces statues sont respectées et peuvent redevenir des idoles » et en conséquence il faut les détruire « de façon à ce qu'à l'avenir personne ne leur voue de culte ni ne les respecte », poursuivait le décret.

Face à ce vandalisme annoncé, les pressions de la communauté internationale se sont multipliées et les délégations se succèdent à Kandahar, la ville du sud de l'Afghanistan où réside le mollah Omar.

AFP, 2001

Les plus anciennes traces du bouddhisme en Afghanistan remontent au IIIe siècle avant notre ère : elles consistent en trois stèles gravées d'inscriptions en langue grecque prônant « la compassion et la tolérance » au nom d'Ashoka, souverain de la dynastie indienne des Maurya. Dans les siècles suivants, le bouddhisme s'épanouit dans les royaumes gréco-bactriens puis sous la domination des Kouchanes, donnant naissance au célèbre art du Gandhara. Au Ve siècle de notre ère, le plus grand centre bouddhiste du pays est Hadda, près de Jalalabad, qui aurait réuni jusqu'à un millier de stupas. Les fouilles menées sur le site en ont mis au jour plusieurs centaines ; la guerre avec les Soviétiques n'en a rien laissé...

À la fin du VIᵉ siècle, les Kouchanes laissent la place aux Huns hephtalites. Comme leurs prédécesseurs, ils semblent avoir fait preuve de tolérance, sinon s'être convertis au bouddhisme. Le moine chinois Xuan Zang, faisant étape à Bamiyan en 632, rapporte la présence de «plusieurs dizaines de monastères et de quelques milliers de moines». Parsemées de cellules troglodytes, les falaises surplombant la vallée abritent deux gigantesques bouddhas, mesurant plus de 30 mètres et plus de 50 mètres de hauteur. Les statues ne sont pas seulement taillées dans la masse : un mélange de terre et de paille a servi à modeler le plissé des tuniques, les corps sont peints, les visages recouverts de masques dorés.

Le bouddhisme se maintiendra dans le petit royaume isolé de Bamiyan jusqu'à l'avènement de la dynastie musulmane des Ghaznévides, à la fin du Xᵉ siècle. Les bouddhas géants, à l'abandon, sombrent alors dans l'oubli… jusqu'au XVIIᵉ siècle : en donnant l'ordre de marteler leurs visages, le moghol Aurangzeb ouvre la voie qui mènera à leur destruction définitive, trois siècles plus tard.

CHRISTOPHE DE PONFILLY

«Le lion du Panjshir»

Au début des années 1980, Christophe de Ponfilly est l'un des premiers journalistes à passer clandestinement la frontière afghane pour témoigner de la résistance à l'occupant soviétique. À plusieurs reprises, il y rencontre le commandant Massoud qu'il contribue à populariser en Occident, en particulier avec Massoud l'Afghan, *documentaire avant d'être un livre. Il sera profondément marqué par la mort en 2001 de celui qui était devenu son ami. Honoré par un prix Albert-Londres, de Ponfilly défendait une démarche humaniste fondée sur un regard et une éthique qui le distinguait dans le monde des médias. Il a malheureusement mis fin à ses jours en mai 2006, à 55 ans.*

Une fin d'après-midi glaciale. Une vallée encaissée. Nous ne filmons pas, nous marchons. Ou plutôt nous errons sur le haut des montagnes, de grottes en ligne de crêtes, questionnant chacun sur la présence du grand chef. On nous dit toujours qu'il est plus loin, qu'il a été vu, qu'il sera bientôt là, qu'il sait que nous le cherchons. Et puis, aujourd'hui, nous apercevons un groupe de moudjahidin bien équipés, vêtus d'un même uniforme de couleur vert pâle, le ceinturon bardé de chargeurs bananes. Quelques visages me sont familiers. Il y a Tadjuddin, un fidèle de Massoud, qui deviendra son beau-père, et d'autres dont j'ai oublié le nom. Ils nous font signe d'entrer dans une petite grotte. Il y a du monde. Nous sommes excités car nous sentons enfin le but. Le rideau qui fait office de porte s'écarte. Massoud est là. Fatigué, amaigri. Depuis l'attaque des Soviétiques, il ne cesse de marcher, parcourant des distances folles pour stimuler, organiser, réorganiser, monter des attaques, adapter ses actions aux situations. Massoud, toujours. Massoud encore en action, Massoud le résistant. Quelle fabuleuse histoire !

Massoud l'Afghan
© Éditions du Félin, 1988

Immédiatement reconnaissable à son profil d'aigle et à son bonnet de feutre, le *pacoul*, le portrait d'Ahmed Shah Massoud a fait le tour du monde. Figure exemplaire de résistant, qui avouait son admiration pour le général de Gaulle, le «lion du Panjshir» a été pour les Occidentaux l'incarnation du *moudjahid* combattant les Soviétiques avant de représenter, après quelques années de flottement, le dernier espoir de liberté du peuple afghan face aux *taliban*. Cette volonté inflexible, mais aussi les origines tadjiks du commandant Massoud constituaient un obstacle insurmontable pour les pashtouns instrumentalisés par le Pakistan : deux jours avant les attentats du 11 septembre 2001, il est assassiné par de faux journalistes envoyés par Al-Quaïda. Comme en témoigne l'émouvant «Adieu Massoud, mon ami» de Michael Barry, sa mort bouleversa tous ceux qui avaient su voir en lui un homme exceptionnel, pieux musulman à l'esprit chevaleresque, épris de culture et poète à ses heures, ouvert aux autres et amoureux de la vie, qui faisait la guerre en rêvant de la paix.

SVETLANA ALEXIEVITCH

Le syndrome afghan

Journaliste née en Biélorussie en 1948, Svetlana Alexievitch a consacré sa vie à chercher, interroger et consigner la mémoire des anonymes qui ont participé aux événements tragiques de l'histoire de l'Union soviétique. Recueil de témoignages de simples soldats russes, hommes et femmes, envoyés dans le « bourbier » afghan entre 1979 et 1989, Les Cercueils de zinc *constitue un document exceptionnel et bouleversant qui fit scandale en Russie lors de sa parution, parce qu'il dévoilait sans ménagement le revers de la propagande officielle.*

Quand j'y suis allé, j'avais trente ans.

Là-bas, j'ai senti ce qu'est la vie. J'y ai passé les meilleures années de mon existence, je peux vous le dire. Ici notre vie est terne, mesquine : boulot-maison, maison-boulot... Là-bas, nous avons tout éprouvé, tout connu. Nous avons connu la véritable amitié entre hommes. Nous avons tâté de l'exotisme : le brouillard matinal qui monte dans les défilés comme un rideau ; les *bourouboukhaïs*, ces camions afghans tout peinturlurés à hauts bords ; les autobus rouges où les gens circulent pêle-mêle avec les moutons et les vaches ; les taxis jaunes. Certains endroits ressemblent à des paysages lunaires, ils ont quelque chose de fantastique, de cosmique. Ces montagnes éternelles semblent désertes, on a l'impression qu'il n'y a pas d'homme sur cette terre, seulement des rochers. Mais ces rochers vous tirent dessus. On sent la nature hostile, elle vous repousse, elle aussi. Nous avons vécu entre la vie et la mort en tenant dans nos mains la vie et la mort des autres. Quoi de plus fort que ce sentiment ? Nous ne ferons jamais la fête comme là-bas. Les femmes ne nous aimeront jamais comme elles nous ont aimés là-bas. La proximité de la mort aiguisait les sensations et nous l'avions toujours à nos côtés. J'ai eu un tas d'aventures de toutes sortes, je crois connaître l'odeur du danger, je le sens avec ma nuque. J'ai tout éprouvé là-bas et j'en suis sorti indemne. J'y ai mené une vie d'homme. Notre nostalgie vient de là. C'est le syndrome afghan...

Les Cercueils de zinc,
traduit du russe par Wladimir Berelowitch
avec la collaboration d'Elisabeth Mouravieff
© Éditions Christian Bourgois, 1991

TRIBULATIONS

BRUCE CHATWIN

Partir...

En 1962, quatre ans après être entré chez Sotheby's, Bruce Chatwin (1940-1989) décide de partir sur les traces de l'auteur admiré de La Route d'Oxiane : *« À l'âge de vingt-deux ans, j'avais lu tout ce que j'avais pu, de lui et sur lui et, cet été-là, je partis faire mon propre voyage en Oxianie. » Vingt ans plus tard, dans l'émouvante « Complainte pour l'Afghanistan » qui introduit la réédition du chef-d'œuvre de Robert Byron, l'écrivain-nomade évoque les préparatifs de son départ vers la lointaine contrée.*

En 1962 – six ans avant que les hippies n'y aient semé le désordre (en jetant les Afghans éduqués dans les bras des marxistes) – vous pouviez partir pour l'Afghanistan avec les mêmes espérances que, par exemple, Delacroix s'embarquant pour Alger. Dans les rues de Herat, on voyait des hommes en turban montagneux, marchant la main dans la main, une rose à la bouche et portant un fusil enveloppé dans du chintz à fleurs. À Badakhstan, on pouvait pique-niquer sur des tapis chinois et écouter le bulbul. À Balkh, « la mère des cités », j'ai demandé à un fakir le chemin du sanctuaire de Hadji Piardeh : « Je ne le connais pas, dit-il. Il a dû être détruit par Gengis. »

Même l'ambassade afghane à Londres vous intro-duisait dans un monde à la fois hilarant et étrange.

La section des visas était placée sous la responsabilité d'un émigré russe, un géant à la tignasse hirsute, qui avait découpé la doublure de sa veste de manière qu'elle retombât comme un rideau pour cacher les trous qu'il avait au fond de son pantalon. À l'heure de l'ouverture, il soulevait des nuages de poussière avec un balai, puis les laissait retomber sur les meubles délabrés. Le jour où je lui offris un pourboire de dix shillings, il m'étreignit, me souleva du sol et lança d'une voix forte : « J'espère que vous aurez un voyage en Afghanistan tout à fait DÉPOURVU D'ACCIDENT ! »

Non. Notre voyage n'a jamais été vraiment dépourvu d'accidents : un soldat lança une pioche contre la voiture ; notre camion glissa avec une douce résignation et tomba du haut de la falaise (nous eûmes tout juste le temps de nous échapper en sautant) ; nous avons été fouettés pour nous être égarés dans une zone militaire ; la dysenterie ; la septicémie ; la piqûre de frelon ; les puces – mais, Dieu merci, pas d'hépatite.

Parfois nous rencontrions des voyageurs aux aspirations plus hautes que les nôtres, qui suivaient les traces d'Alexandre ou de Marco Polo : pour nous, il était plus amusant de suivre celles de Robert Byron.

Qu'est-ce que je fais là,
traduit de l'anglais par Jacques Chabert
© Éditions Bernard Grasset, 1991

JEAN-PAUL FERRIER

Premier contact

Curieux personnage que ce Jean-Paul Ferrier qui fut, au XIXᵉ siècle, le premier Français à voyager en Afghanistan...
D'abord officier au 1ᵉʳ régiment des chasseurs d'Afrique, on le retrouve ensuite à Téhéran comme instructeur militaire. En 1845, engagé par le raja indien du Pendjab comme mercenaire, il décide de rejoindre son nouvel employeur en traversant l'Afghanistan. Jean-Paul Ferrier n'atteint pas son but. Mais il rapporte de cette expédition un récit plein de péripéties.

Nous nous étions arrêtés pour déjeuner à proximité d'un campement de nomades Nourzéhis, dont nous trouvâmes la population mâle armée jusqu'aux dents et se gardant avec précaution contre les surprises des habitants d'un autre campement, situé à quelques farsangs plus à l'est et nommé Hadji-Ibrahimi, avec lesquels ils étaient en guerre depuis quelques jours à cause d'un cours d'eau détourné; plusieurs hommes étaient déjà restés sur le carreau. À peine étais-je installé, que ces guerriers en haillons firent irruption dans ma tente en nombre tel qu'ils y étaient serrés les uns contre les autres comme des anchois dans un baril. J'étais d'autant plus incommodé de leur présence qu'il faisait ce jour-là 48 degrés centigrades de chaleur à l'ombre : ce coquin de Djabbar-Khan, au lieu de s'opposer à leur envahis-

sement, les engageait, au contraire, à venir s'informer
de ma santé, ce qu'ils faisaient en se vautrant jusque sur
mon col et en secouant sur moi leur vermine. Quelques-
uns tenaient leurs enfants galeux et rogneux sur leurs
genoux, et ces marmots poussaient des cris à désespé-
rer un sourd; enfin, grands et petits semblaient lutter à
qui crierait le plus fort et m'adressaient comme un feu
roulant de questions les plus stupides et les plus indis-
crètes : « D'où êtes-vous ? D'où venez-vous ? Quelle
est votre position ? Que voulez-vous faire ? Êtes-vous
riche ? Votre pays est-il aussi fertile que le nôtre ? Y
mange-t-on d'aussi bons melons ? Les hommes y sont-ils
aussi intelligents et aussi braves que nous ? » (Tous ces
peuples sont des plus présomptueux et se figurent être
les premiers du monde sous tous les rapports.) Enfin,
ces gens touchaient à tout, voulaient tout savoir, se faisaient tout expliquer dans les moindres détails avec des
répétitions sans fin; rien n'était plus fastidieux et plus
désolant. Si je fumais, ils m'arrachaient mon kalioun
avant que j'en eusse tiré deux bouffées, se le passaient
à la ronde et suçaient le tuyau avec une avidité d'af-
famé. Si je mangeais, ils ne se précipitaient pas avec
moins d'ardeur sur mon pauvre repas, dont il ne me
restait plus que les miettes, et ce n'était pas assez pour
les satisfaire, car ils me demandaient du sucre, du thé,
du café et du tabac dans un langage qui trahissait tout
le danger qu'il pouvait y avoir à ne pas les satisfaire.
Eh bien ! ces gaillards-là ne se figuraient pas le moins
du monde m'être importuns. Au nom de l'hospitalité,
c'était un devoir pour eux de me tenir compagnie, c'en
était un également de me donner plutôt que de recevoir de moi, mais la convoitise, ce sentiment si afghan,

les entraînait malgré eux hors des limites hospitalières dans lesquelles ils eussent dû se renfermer. C'en vint à ce point qu'il ne me fut même pas permis de changer de linge en liberté. Ils étaient bien aises de savoir si j'étais conformé comme eux et palpaient tour à tour mes pieds, mes mains, mon visage et mon corps, discutant longuement sur la blancheur de ma peau et ne pouvant se rendre compte de la raison pour laquelle elle différait de couleur avec la leur. Chacun émettait un avis plus ou moins burlesque, lorsque le Mollah survint et mit tout le monde d'accord en leur apprenant que notre religion de réprouvés défendait aux femmes européennes d'allaiter leurs enfants, et qu'elles se faisaient suppléer par des brebis. « C'est ce qui conserve la blancheur native de la peau des Européens, ajouta-t-il, mais ils n'en sont pas moins moitié bête et moitié homme, voilà pourquoi ils ne comprennent pas la sublime religion de notre vénéré Prophète. » Tout ce que j'eus à souffrir de ces Iliates est incroyable. Les mêmes scènes se renouvelèrent souvent en d'autres lieux, à mon grand regret, car leurs attouchements furent poussés jusqu'aux parties les plus cachées, et il faillit en résulter de très vilaines choses.

Voyages dans l'Afghanistan,
le Béloutchistan et le Turkestan
© Gérard Monfort Éditeur, 27800 Brionne

S'aventurer en Afghanistan est alors particulièrement dangereux : d'une part, l'émir Dost Mohammad est en train de reconquérir les provinces qui ont fait sécession à l'occasion de l'intervention britannique de 1839-1842 ; d'autre part, le souvenir des exactions anglaises est particulièrement défavorable aux Occidentaux. Rares sont

ceux qui osent entrer dans le pays et plusieurs y laisse-
ront leur vie, comme le Britannique Alexander Burnes.
Pourtant, tout au long du XIXᵉ siècle, l'Afghanistan est
régulièrement sillonné par des voyageurs discrets, souvent déguisés pour passer inaperçus : ils participent au
«Big Game», le grand jeu d'influence que se livrent alors
les Britanniques et les Russes aux portes de leurs empi-
res respectifs, magnifiquement mis en scène par Kipling
dans *Kim*. Ils seront remplacés au XXᵉ siècle par les Allemands, en particulier les espions de l'Abwehr chargés
d'organiser des missions de sabotage en Inde pendant
la Seconde Guerre mondiale.

GEORGES LE FÈVRE

La civilisation en marche

Financée par André Citroën, dirigée par Georges-Marie Haardt, la « croisière jaune » se lance en 1931 sur l'antique route de la Soie. Elle est constituée de deux groupes d'auto-chenilles qui, depuis Beyrouth et Pékin, doivent se rejoindre dans le Xinjiang chinois. L'Union soviétique ayant refusé le passage par son territoire, le groupe « Pamir » se voit contraint de traverser l'Afghanistan... non sans difficultés, comme le relate Georges Le Fèvre, chroniqueur officiel de l'expédition.

C'était à partir de Hérat qu'il fallait abandonner pour quelques jours la direction de l'est, et cette route du col de Vakhdjir que la révolte des Usbecks interdisait à l'Expédition.

Les voitures descendront vers le sud jusqu'à Farah, puis reprendront la direction de l'est jusqu'à Kandahar pour remonter au nord-est vers Caboul. Les premiers et puissants contreforts de l'Hindou-Kouch ne peuvent être contournés que par cette route de 800 kilomètres reliant les trois villes afghanes.

Itinéraire suivi, vingt-deux siècles auparavant, par Alexandre qui, traversant l'Adreskand, recevait la soumission de la Drangiane et fondait plus au sud cette Alexandrie d'Arachosie (Kandahar) qui commande les passages de l'Indus.

73

Quatre fleuves à traverser, sans compter les rivières. Et pas de ponts. La piste est bonne mais le décor est farouche. La montagne de l'Afghanistan n'a pas ces contours amollis des chaînes qui ourlent les routes persanes. Elle déchire le ciel de ses pointes aiguës. À gauche, commencent les escarpements d'un énorme massif encore peu connu qui, plus à l'est, dans ce Kohistan mystérieux, se relèvera encore et s'épaissira, écran redoutable aux rares nuages des mers de l'Ouest qui se sont aventurés jusque-là.

Il est heureux que les eaux baissent et que la force du courant diminue. L'expédition arrive au moment favorable. Les fleuves ne sont pas trop gonflés et roulent cependant assez d'eau pour que, plus loin, des bacs puissent être utilisés.

Telles sont les exigences des pistes afghanes, simples trouées de passage. Le trafic y est intermittent. Une crue inattendue peut, sur un parcours normalement effectué en dix jours, retarder le voyageur de trois mois. Aussi la qualité de voyageur en Afghanistan est presque un état social. L'errant, ainsi immobilisé, fait partie du village, en adopte les mœurs, s'y emploie comme travailleur jusqu'à ce que la baisse des eaux l'autorise à poursuivre son chemin.

Le premier fleuve, l'Adreskand, n'offrit pas de difficultés. On reconnut le gué indiqué par les indigènes en y faisant passer trois hommes se tenant par la main. Comme ils n'avaient de l'eau que jusqu'à mi-corps, on se borna à alléger les voitures. La hauteur d'eau dans les remorques n'atteignait que trois centimètres et nos lits, dans leurs boîtes métalliques, pouvaient passer sur les voitures qui s'engagèrent prudemment et traversèrent la rivière sans noyer les moteurs.

Mais plus loin, le Farah-Roud, avec 150 mètres

de largeur et, par endroits, une profondeur de deux mètres, compliqua les opérations. Deux techniques en présence : celle des indigènes (ils étaient une centaine prêts à intervenir) consistait à s'accrocher aux câbles en invoquant Allah, et à tirer avec ivresse mais sans cadence, stimulés par les injures d'un moniteur qui scandait avec son chasse-mouches chaque tirade de ce poème épique.

Haardt préférait opérer avec des moyens mécaniques et faire placer sur la rive opposée un « point fixe » qui permettrait à une voiture de remorquer toutes les autres.

On élongea trois cents mètres de câbles. De l'acier de 8 millimètres. Les indigènes le halèrent, en chantant, sur leurs épaules. Deux mécaniciens, à cheval sur deux Afghans, l'accompagnèrent sur l'autre rive où ils ancrèrent solidement les douze crochets d'acier du point fixe muni d'une poulie de retour. On engagea le câble dans la gorge de la poulie et on le ramena sur la rive opposée. Le va-et-vient était établi. Les deux bouts du filin furent amarrés aux deux premières voitures et, tandis que l'une s'éloignait du fleuve, l'autre, irrésistiblement remorquée, entrait dedans.

– *Il Allah !…*

Les Afghans étaient ravis et battaient des mains. En trois heures tout le matériel fut transporté sur l'autre rive avec des *iouh !* admiratifs, tandis que sur le rivage on entendait hennir les chevaux sellés qui attendaient leurs maîtres.

La Croisière jaune – expédition Citroën Centre-Asie
– Haardt – Audouin-Dubreuil
© Langues & Mondes, L'Asiathèque, rééd 1990

Le récit de Le Fèvre est caractéristique de l'esprit colonialiste de l'époque : la supériorité technique des Européens ne peut que subjuguer les «indigènes», considérés comme de grands enfants... Réédition de la grande expédition menée au milieu des années vingt à travers le continent africain, la célèbre «croisière noire», l'«Expédition Citroën Centre-Asie» n'en constitue pas moins un véritable exploit. Après avoir atteint Kaboul, le groupe «Pamir» fait route vers l'Inde britannique par la passe de Khyber. Au prix d'incroyables difficultés – allant jusqu'au démontage intégral des véhicules pour leur faire passer les cols de l'Himalaya à dos d'homme ! – il parviendra à rejoindre le groupe «Chine» à Kashgar. Georges-Marie Haardt ne survivra pas à l'aventure.

Équipée technique, la «croisière jaune» a aussi une ambition scientifique. À ce titre, elle est accueillie à Bamiyan par Joseph Hackin, directeur de la Délégation archéologique française en Afghanistan. Quelques années plus tard, son équipe découvrira le «trésor de Begram» que l'on peut admirer au musée Guimet. Fondée en 1922 par Alfred Foucher – à qui l'on doit les bases de notre connaissance sur l'art gréco-bouddhique –, la DAFA a été le premier, et longtemps le seul, organisme habilité à fouiller en Afghanistan. Elle est à l'origine de tous les grands chantiers menés dans le pays, de Bactres à Bamiyan, de Hadda à Surkh Kotal, sans oublier la colonie grecque d'Aï Khanoum. Chassée par la guerre en 1982, la DAFA est revenue en Afghanistan depuis 2002, après vingt années d'absence.

OLIVIER ROY

Sur les sentiers de la guerre

*Agrégé de philosophie, diplômé des Langues'O (persan),
docteur en science politique, Olivier Roy est directeur de
recherche au CNRS et directeur d'Études à l'EHESS. Considéré comme l'un des meilleurs spécialistes de l'Asie centrale
et de l'Islam contemporain, il a fait de nombreux voyages en
Afghanistan, dont six clandestinement au temps de la guerre
contre les Soviétiques.*

Qu'on soit journaliste ou médecin, les problèmes pour franchir la frontière sont les mêmes. Il faut
d'abord trouver son «taxi» : le groupe qui vous fera
passer. On passe donc d'un bureau à un autre : moins
on est et moins on a de matériel, mieux c'est. L'accueil
dans les comités installés au Pakistan est toujours chaleureux; la plupart ne se soucient même pas de vérifier
l'identité ou les raisons professionnelles des candidats
au voyage : une bonne tête est plus importante que des
lettres de recommandation. Les visiteurs «importants»
(équipe de télévision, médecins) sont traités de la même
manière que le premier «free-lance» venu : exemple
de démocratie ou de laisser-aller selon le point de vue
qu'on adopte. [...]

Les Afghans préfèrent qu'on se joigne à une colonne
qui remonte des armes : c'est très certainement le
meilleur moyen de tomber dans une embuscade et il

n'est pas rare qu'on attende des semaines au Pakistan le départ de la colonne, toujours prévu pour le lendemain (**fard** : « demain », un des premiers mots clés). C'est ici qu'on rencontre le premier obstacle culturel, qui ne cessera d'obérer tout le voyage : le rapport au temps ; car attendre, pour un Afghan, est une seconde nature. Le deuxième problème est l'absence totale de discrétion. Avec beaucoup de philosophie, les Afghans estiment que, puisqu'on ne peut espérer contrer les réseaux d'information du KGB, le mieux est de les ignorer superbement. Cependant la tâche des réseaux susdits n'est pas si aisée : jusqu'au dernier moment le chef du groupe des Moudjahidin n'a lui-même aucune idée de l'heure du départ et les bureaux de renseignements de Kaboul doivent crouler sous les rapports qui annoncent chaque jour le même départ pour le lendemain. L'idéal est donc de partir de manière impromptue avec un tout petit groupe. [...]

Cependant, pour le voyageur occidental, le premier obstacle est la police pakistanaise qui interdit la traversée des zones tribales aux étrangers : on se déguise en Afghan et on passe. Arrivés sur la frontière, loin des contrôles policiers, on s'arrête dans le « dépôt » des Moudjahidin, généralement un petit village, avec maisons de thé et bureaux des partis. C'est là qu'on prend les dernières nouvelles de l'état de la route ; pour partir les Afghans attendent que le rapport soit bon. C'est lors de cette étape que les Soviétiques peuvent repérer le groupe avec précision et savoir s'il y a des étrangers, car si le déguisement peut tromper un auxiliaire pakistanais, les Afghans nous repèrent tout de suite au comportement et à la gestuelle. Le passage se décide brutalement et se fait la plupart du temps en plein jour. Un autre aspect de la résistance apparaît ici : les Afghans sont très casaniers et attachés à leurs habitudes ; ils n'aiment pas traverser des zones où ils n'ont ni parents ni relations. Du coup on emprunte toujours les mêmes itinéraires, on s'arrête chez l'aubergiste que le chef du groupe fréquente depuis des années ; on fait halte dans le village où on est sûr d'être nourri. Théoriquement, les zones dangereuses sont traversées vite, de nuit et par petits groupes. En fait dès qu'un groupe rencontre des « pays », on s'agglutine et on voyage ensemble. Ce n'est qu'après la destruction de plusieurs convois que le chef de groupe se résignera à changer ses habitudes.

Afghanistan, l'éternité en guerre
© Éditions de La Nef, 1986

Au début des années 1980, les Français sont les premiers Occidentaux à franchir illégalement la frontière afghane à partir du Pakistan. Journalistes, photographes, espions, aventuriers et surtout médecins, ils seront des centaines au cours des années suivantes à faire le voyage pour venir en aide à la population, soutenir la résistance, témoigner de son combat. Comme le dira plus tard l'un d'entre eux : «Nous étions tous des romantiques. On se prenait pour Lawrence d'Arabie»... Par leur dévouement et leur courage, les *French doctors* s'attirent le respect des *moudjahidin*. De leur expérience naîtra le concept d'intervention humanitaire aujourd'hui appliqué dans le monde entier. Christophe de Ponfilly a rendu dans *Vies clandestines : nos années afghanes* un hommage discret et émouvant à ces Français qui s'engagèrent au péril de leur vie pour simplement défendre les droits de l'homme.

ERIC NEWBY

Shangri-La

Fort d'une expérience de marin... Eric Newby se lance en
1956 à l'assaut des montagnes de l'Afghanistan avec un
ami! Le célèbre Wilfred Thesiger qui croise leur chemin
notera dans ses carnets : « Ils avaient vraiment l'air mal en
point. » Mais, avant d'en arriver là, Newby découvre avec
ravissement la vallée du Panjshir.

Je regardai une dernière fois la plaine souriante que
nous quittions, avec ses riches vergers et les montagnes
de l'ouest où le soleil commençait à sombrer, puis nous
nous enfonçâmes dans l'ombre froide de la gorge où
l'eau de la rivière grondait avec un bruit de tonnerre.
Elle était verte et blanche, froide, elle léchait et tiraillait
les énormes roches qui gisaient au fond de son lit, et
son bruit se répercutait sur les parois séparées d'à peine
dix mètres. On se serait cru à l'entrée d'un tombeau. Au
bout d'un ou deux kilomètres, la gorge s'ouvrit soudain
sur une vallée où les montagnes aux flancs couverts
d'éboulis s'évasaient en pente douce.

Tout en roulant, nous apercevions de loin en loin des
sommets déchiquetés. Ils étaient secs comme de vieux
ossements ; on ne voyait ni neige ni glace – ce serait
donc plus loin, plus haut dans l'Hindou Kouch.

La route bifurqua, et voilà qu'apparurent, de l'autre
côté de la rivière, agrippés au flanc de la montagne, des

villages à l'air infiniment secret, avec leurs tours de guet en terre séchée, surmontées de créneaux et trouées de fenêtres à gros barreaux. Encore un virage, et soudain ce fut le Paradis.

C'était le soir, mais les derniers rayons du soleil baignaient le paysage d'une lumière dorée. Dans un champ de maïs, des femmes jouaient de leurs voiles avec une coquetterie étudiée. Elles ne portaient plus le tchador, véritable suaire, que nous avions vu à Gulbahar ou à Kaboul. Dans les minuscules champs en terrasses, qui s'emboîtaient les uns dans les autres à la manière des pièces d'un puzzle, ou, comme un jouet compliqué, quand ils s'étageaient à différents niveaux, les hommes moissonnaient le blé à la faux. Des ânes sortaient des champs et remontaient la pente en file indienne jusqu'à leurs villages pareils à des tombeaux, tellement chargés qu'on aurait cru voir des tas de blé mus par un mécanisme.

Mais c'était la rivière qui dominait tout. Des garçons s'y baignaient, soutenus par des peaux gonflées d'air, et se laissaient emporter par le courant furieux, jusqu'à ce qu'un tourbillon les dépose avant qu'il leur fût rien arrivé de fâcheux dans une sorte de bassin. Vers des recoins peu profonds où l'eau dansait sur les galets, des enfants plus petits s'amusaient en s'éclaboussant. Sur les rives aussi, on menait joyeuse vie : un groupe de femmes en costume rouge et bleu vif marchaient le long de l'eau en bavardant gaiement, les peupliers miroitaient, les saules s'inclinaient sous la brise, l'eau coulait lentement dans les fossés d'irrigation à travers cent jardins, parmi les abricotiers aux branches lourdes de fruits, en baignant au passage les pieds des mûriers, sous l'œil ravi des propriétaires accroupis dans leurs vergers. Des vieillards à barbe blanche trônaient fièrement sur des murets de pierre avec leurs petits-enfants, des garçonnets à l'air grave, coiffés de petits chapeaux ronds et brodés, et des petites filles d'une extraordinaire beauté. Cette soirée évoquait on ne sait quel âge d'or du bonheur humain, parfois atteint par les enfants, plus rarement par les adultes, et elle nous communiquait à tous sa magie.

Un petit tour dans l'Hindou Kouch,
traduit de l'anglais par Marianne Véron
© Éditions Payot, 1989
© Éditions Payot & Rivages, 2002,
pour la dernière édition

JACK THIEULOY

Du pur afghan

Figure controversée du monde littéraire, l'écrivain Jack Thieu-loy (1931-1996) est resté toute sa vie un insoumis, un révolté, un anarchiste. Au tournant des années soixante-dix, comme tant d'autres «routards», il prend la direction de l'Asie à bord d'un combi-VW. Dans le récit En Route vers l'Inde, *Thieuloy livre sa vision de l'Afghanistan, teintée d'un curieux mélange de cynisme et de tendresse. Il témoigne aussi de ce qui était alors l'un des buts du «Grand Voyage», la drogue.*

J'avais entendu en Europe, et j'allais entendre aux quatre coins de l'Inde, que le hachisch de Kandahar était le meilleur du monde, sous le rapport qualité-prix. Publicité internationale gratuite dont les supports, rou-tards de la route du hach, auraient bien aimé palper les dividendes. C'était l'époque bénie où les plateaux de la balance commerciale américano-asiatique du caramel de cannabis sautaient de un à mille : huit à dix dollars le kilo de hach à Kandahar ou Peshawar. Huit à dix dollars le gramme, aux States, une fois franchi le *Kennedy Airport* de New York city. Pas encore de chiens douaniers renifleurs à cette époque...

Pour le voyageur, ce bougeur, l'apparence du premier contact se confond avec l'essence de la vérité. Nous arri-vons à Kandahar et voici aussitôt le carrefour central. La poussière que soulèvent mes roues ne m'empêche pas de voir, à côté de deux agents de la circulation (ils se tiennent par le petit doigt, comme parfois en Turquie et en Iran), un civil en veste marron sur longue blouse blanche et pantalon bouffant, brun, beau, fin, si gracile qu'il fait hypo-vingt ans. Il a la fluidité du type indien. À la vue de ma voiture de touriste, il accourt, comme à une consultation, exposer à ma vitre ses grands yeux curieux, liquides, apeurés. Mon diagnostic est le suivant : ce n'est pas un flic, mais un hachischin. La royauté afghane aura beau être ultérieurement renversée par les camarades marxistes, ce pays restera tel que l'opium du peuple l'a fait pour l'éternité. Imaginez, aux portes de votre capitale européenne, des fabricants-distributeurs (grossistes et détaillants) de drogue racolant les touristes, à l'ombre de la casquette des fonctionnaires de la préfecture de police. Je ne dis pas que je suis surpris, vu que je sais que les préposés à l'ordre public sont les ristournés des bénefs de la marginalité interlope. Car vous avez humé que cet ange brun aux yeux bleu paradis artificiel, protégé par les képis, est venu nous faire l'article de son dessous de comptoir cannabique. Il monte avec nous pour nous y accompagner.

[...]

– *After India, my friend, I'll buy your H, full my car,* parole d'Alex Nirlo.

Je lui en achèterai cinq kilos.

Lorsqu'en Europe je redécouvrirai l'usage de la balance de précision, je constaterai que les kilos des marchands de Kandahar ne pèsent que huit cents grammes.

L'Asie des grands chemins
© Éditions Balland, 1994

Issu du chanvre indien ou *cannabis indica*, qui pousse naturellement sur les contreforts de l'Himalaya, le hachisch se fabrique à partir de la résine suintant des fleurs et des feuilles de la plante femelle après la floraison. Traditionnellement conservée dans des sacs en peau de chèvre pour se bonifier – parfois jusqu'à dix ans ! -, cette résine ou *garda* est ensuite chauffée et pressée au mortier. On obtient ainsi une pâte molle et odorante, de couleur vert foncé, réglisse ou noire, le *charas*. Surnommé *Pot of Gold* par les «hippies», le hachisch afghan était particulièrement réputé dans les années soixante-dix pour son effet intense et hypnotisant. Les graines ramenées en Europe par les «routards» ont depuis servi à développer une production autorisée en Hollande.

Aujourd'hui, c'est surtout l'opium qui pose de graves problèmes. Développée pendant la guerre contre les Soviétiques pour financer la résistance, la culture du pavot a explosé au cours des années de guerre civile qui ont suivi, pour pallier la fin de l'aide financière étrangère. Ralentie par l'interdiction officielle proclamée par les *taliban* en 1997, elle a repris à grande échelle depuis 2002-2003. Bien qu'il ait déclaré la «guerre à la drogue», le gouvernement d'Hamid Karzaï ne parvient pas à faire face. Il manque de moyens pour financer des cultures de substitution, mettre fin à la corruption qui gangrène l'État, et lutter efficacement contre les barons de la drogue qui alimentent le trafic international. Les enjeux sont énormes : l'Afghanistan est le premier producteur mondial d'opium.

TONY WHEELER

Le temps des *hippies*

Lorsque Tony Wheeler et sa femme Maureen rejoignent l'Australie en 1972 après un long voyage à travers l'Asie, ils décident de réaliser un petit guide d'un genre inédit, Across Asia on the Cheap. *Produit de façon quasi artisanale à 1 500 exemplaires, il procure conseils et bonnes adresses aux voyageurs indépendants, jeunes et, le plus souvent, fauchés. Le succès est immédiat. Aujourd'hui, trente ans après, le couple est à la tête d'une impressionnante collection de guides connus dans le monde entier, les* Lonely Planet.

En 1973, Kaboul menaçait de devenir un piège à touristes débarquant d'avion. C'est du moins ce que je craignais lorsque j'écrivis sur cette ville dans le tout premier guide *Lonely Planet*. L'année précédente, j'avais traversé l'Afghanistan dans le sillage du grand exode transasiatique suivant le « chemin hippie » de Londres à Katmandou et se poursuivant à travers tout le Sud-Est asiatique.

Avec le recul de trente années, cette époque paraît magique et toujours en attente de son chroniqueur, bien que l'histoire orale de David Tomory, *A Season in Heaven*, restitue à la perfection l'ambiance de l'Afghanistan à cette époque. Naturellement, les souvenirs se sont estompés (et s'ils reviennent clairement à l'esprit, c'est que vous n'étiez pas vraiment là), mais chez Sigi's, à Kaboul, on avait l'impression d'être à l'épicentre de la partie afghane du périple. On s'asseyait en rond sur des tapis, sirotant du thé à la menthe gratuit, écoutant la musique (on disait que si un disque des Pink Floyd sortait à Londres le lundi, les bandes étaient à Kaboul le vendredi), allant faire, de temps en temps, un petit tour dans la cour pour déplacer une pièce géante sur l'échiquier géant. C'était cool.

Les Afghans aussi étaient cool. « Ils étaient pour nous tous un exemple, la preuve qu'on pouvait tout à la fois être malin, coriace, fier, fauché, défoncé et magnifiquement habillé » lit-on dans *A Season in Heaven*. Nos essais pour être magnifiquement habillés étaient fatalement voués à l'échec. Je n'étais pas sitôt arrivé à Herat que je sortis pour me rendre chez un tailleur afin de commander une version européanisée du costume afghan. Un voyageur allemand, qui revenait de chez le tailleur au même instant, enfila son costume et déclencha dans le groupe d'Afghans qui traînait dans l'hôtel un tel fou rire qu'ils durent s'allonger par terre pour reprendre haleine.

[...]

Bruce Chatwin pouvait bien se réjouir d'avoir visité l'Afghanistan « avant qu'il ne soit détruit par les hippies », ce qu'ils firent, prétendait-il, « en poussant les Afghans éduqués dans les bras des marxistes ». Mais Chatwin était un peu snob.

En fait, les Afghans se souviennent de l'époque hippie comme d'un âge d'or où tout était paisible et où il y avait plein d'argent à gagner : il se trouvait toujours quelqu'un pour acheter des tapis même si ce n'était pas nous. Une chose, malgré tout, n'a pas changé : mon hôtel préféré à Kaboul, en 1972, était le Mustafa. C'est peut-être le même que celui où tout le monde descend aujourd'hui.

In *Asie centrale, la route de la Soie*
© Lonely Planet, 2004

Un rêve d'archéologue

Aï Khanoum était une cité riche et c'est aujourd'hui un site archéologique enivrant. Depuis les hauteurs, on aperçoit la Kokcha brillante et caillouteuse, à l'endroit où elle se jette dans l'Oxus. Cette rivière est beaucoup plus profonde, plus forte et plus rapide qu'il n'y paraît de loin ; les eaux du confluent sont brassées de violents remous, dont le vacarme et l'écume évoquent une marée. Le soir, j'allai y nager ; sur quelques mètres, il se divise en trois cours d'eau, séparés par des bancs de galets et l'on me dit que je pouvais franchir le premier bras d'eau pour nager dans le second, mais que si je me risquais dans le troisième, je me ferais sans doute tirer dessus par une sentinelle russe. Il n'y avait pas l'ombre d'une sentinelle russe à des kilomètres à la ronde et aucune des deux rives du fleuve n'est gardée.

Comme je n'avais que deux jours devant moi, je marchai infatigablement autour des monuments, à travers des étendues dorées de chardons grecs fort piquants ; la cité couvre à peu près la même superficie que Sounion ou Delphes, mais son palais est d'une ampleur démesurée. Les collines russes, grises et roses, se dressent à quelque cent vingt mètres de haut, l'Oxus fait environ cent cinquante mètres de large et vient bruyamment lécher leurs roches, mais on voit des traces de remparts face au fleuve. Les principaux murs de la ville, du côté de la plaine, sont bordés d'un profond fossé et d'une série de tours de neuf ou dix mètres de haut, entièrement construites en petites briques crues ; les fondations des murs sont un mélange de cailloux et d'argile. Les formes exactes de ces murailles, et de tout le reste d'ailleurs, se détachaient très clairement sous le premier soleil de la journée.

Le Jardin de lumière du Roi Ange,
traduit de l'anglais par Béatrice Vierne
Publié aux éditions du Rocher en 2002

Découvert au début des années soixante, fouillé par Paul Bernard, le site d'Aï Khanoum a révélé une étonnante cité grecque implantée à l'extrême nord de l'Afghanistan, avec forum, gymnase, théâtre et temples. On y a retrouvé, comme décalqué sur la terre, le texte écrit à l'encre d'un manuscrit livrant quelques fragments d'un dialogue perdu d'Aristote. Capitale du roi gréco-bactrien Eucratide qui y occupait un vaste palais, la cité sera brusquement abandonnée par ses habitants, en 145 avant notre ère, sous la pression de nomades venus d'Asie centrale. Hélas, les vingt-cinq années de guerre que vient de connaître l'Afghanistan ont été fatales au site d'Aï Khanoum, totalement dévasté par les pillards : toute la surface de l'antique cité a été creusée de puits qui lui donnent aujourd'hui un aspect lunaire, les éléments mis au jour lors des campagnes de fouilles ont été emportés, il ne reste rien.
D'une manière générale, le patrimoine culturel afghan a terriblement souffert durant cette période dramatique : ainsi, le musée de Kaboul a perdu 70 % de ses collec-

tions parmi lesquelles la totalité de ses 30 000 monnaies anciennes. Plus encore que les destructions de statues par les *taliban*, le trafic d'objets d'art et d'archéologie a littéralement vidé le pays de ses trésors, dispersés aujourd'hui dans les collections privées du monde entier.

JEAN-JOSÉ PUIG

Sur la route

Quand il débarque pour la première fois en Afghanistan en 1973, Jean-José Puig n'a qu'un but : «Je suis venu pêcher la truite dans l'Hindu Kush!» Cette passion va l'amener à sillonner le pays pendant plus de vingt ans – jusqu'à l'avènement des taliban. Il y acquiert une connaissance intime de ses habitants et de l'évolution des événements. Accessoirement, il attrape aussi quelques «fario natives de plus de 15 livres, à la mouche». Regard inédit et documenté sur «ce pays sublime», le livre qu'il publie en 2005 mêle analyse géopolitique et souvenirs personnels.

Vers treize heures, nous montons à bord du vieux Dodge, dont la carrosserie, refaite dans les temps anciens, a une hauteur vertigineuse et est décorée de ces peintures naïves où un avion survolant un paysage de prairies verdoyantes est attaqué par un hélicoptère soviétique. Le camion transporte un peu de bois de chauffage, un énorme chaudron, six moudjahidin, deux poules et une chèvre. Nous avons suffisamment d'espace, mais notre regard ne peut s'évader que vers le rectangle bleu, tout en haut, les parois aveugles nous privant de toute vue sur le paysage. Le voyage commence, cahin-caha, à la vitesse de l'escargot, jusqu'au premier arrêt, à deux ou trois kilomètres du point de départ. Une nouvelle cargaison de bois est chargée et tous les êtres vivants montent d'un étage. Il en va ainsi pendant tout l'après-midi et le camion, plein à ras bord, gémit de toute sa carrosserie. La piste tortueuse, enserrée entre deux parois vertigineuses à l'approche du col qui commande l'accès à la vallée de Kayan, devient de plus en plus dangereuse. À plusieurs reprises, ce n'est que grâce à l'habileté du père d'Aïmuddin que le camion évite de cogner les parois. Je pense la fin du supplice proche, et, maintenant que j'ai tout loisir d'observer le paysage, mon regard se fixe sur les ridelles du camion qui se tordent dans tous les sens, menaçant, à chaque virage, de me faire lâcher prise. Enfin, nous arrivons au dernier village, où commence la piste autrement plus confortable de la vallée de Kayan. Le camion est pris d'assaut par une nuée de moudjahidin qui viennent se percher sur le haut du chargement en repoussant tout vers l'avant du véhicule. Je suis carrément assis sur le toit de la cabine, les cornes de la chèvre dans le dos, une poule sur les genoux et ma main cherchant vainement à quoi s'accrocher. Je dois fermer les yeux pour ne pas céder à la panique, et j'imagine l'accueil chaleureux de Jaffar pour rendre la fin du trajet plus supportable. Soudain, je suis violemment tiré sur le côté et un bras solide me serre la gorge en me maintenant la tête à même le toit. Après que j'ai ouvert les yeux, un moudjahid me désigne quelque chose à hauteur du camion, sur le bord de la piste, en mimant le geste de l'égorgement. Je finis par comprendre qu'il m'a sauvé la vie, car le camion, zigzaguant sur la piste et ses abords, est passé sous les restes de câbles électriques et téléphoniques qui relient encore par endroits un poteau à un autre. Sans la présence d'esprit du moudjahid, j'aurais été décapité.

La pêche à la truite en Afghanistan
© Éditions de La Martinière, 2005

Évoqués par de nombreux voyageurs contemporains, les camions peints font partie intégrante du paysage afghan. Entièrement décorés au pinceau de scènes bucoliques, de mosquées, de fleurs et d'animaux – parfois aussi incongrus qu'un ours blanc –, ces œuvres d'art populaire sur roues font la fierté de leurs propriétaires. Les plus beaux camions sont généralement ceux qui font le trafic longue distance. L'ovale arrière des citernes de pétrole se prête particulièrement bien aux grandes fresques... L'éclat des couleurs est renforcé par celui des chromes qui ornent l'avant. Des centaines de petites plaques de métal sont fixées par des chaînettes aux pare-chocs. En s'entrechoquant, elles produisent un tintement qui a fait surnommer ces camions «Jingle Trucks». Pour la plupart antiquités venues d'Amérique ou Kamaz russes, ils sont sans cesse remis en état par les mécaniciens débrouillards qui accompagnent toujours les conducteurs.

L'état des routes afghanes n'arrange rien. Quelques axes seulement sont goudronnés, le reste n'est que pistes poussiéreuses et creusées de nids-de-poule. Ingénieux, les Afghans utilisent les reliquats de la guerre pour les travaux publics : les blindés remplis de pierre servent de piles aux ponts, leurs chenilles de ralentisseurs sur la chaussée. Prendre la route en Afghanistan reste une aventure si l'on en croit le commentaire – à l'humour tout britannique – d'un guide de voyage récent : «Le code de la route est vague, mais on sent que la plupart des automobilistes aspirent à rouler à droite. »

NICOLAS BOUVIER

Frontière

*« À huit ans, je traçais le cours du Yukon dans le beurre de
ma tartine »... Esprit voyageur depuis son enfance, Nicolas
Bouvier (1929-1998) entreprend son premier grand périple à travers l'Asie en 1953. Il le relate dix ans plus tard
dans* L'Usage du monde, *un chef-d'œuvre de la littérature de
voyage. La traversée de l'Afghanistan est un enchantement
lumineux qui se termine par la mythique passe de Khyber,
porte ouverte sur les Indes, et dernières pages du livre.*

5 décembre. Frontière afghane. Khyber Pass

À Kaboul, ceux que j'interrogeais sur le Khyber ne
trouvaient jamais leurs mots : «... inoubliable, c'est
surtout l'éclairage... ou l'échelle... ou l'écho peut-être,
comment vous dire ?... » puis ils s'enfermaient, renon-
çaient et, pendant un moment, on les sentait retournés
en esprit dans le col, revoyant les mille facettes et les
mille ventres de la montagne, éblouis, transportés, hors
d'eux-mêmes, comme la première fois.

Le 5 décembre à midi, après un an et demi de voyage,
j'ai atteint le pied de la passe. La lumière touchait la
base des monts Suleiman et le fortin de la douane
afghane noyé dans un bouquet de saules qui brillaient
comme écailles au soleil. Pas d'uniformes sur la route
barrée par un léger portail de bois. Monté jusqu'au

bureau. J'ai enjambé les chèvres étendues sur le seuil et passé la porte. Le poste sentait le thym, l'arnica, et bourdonnait de guêpes. L'éclat bleu des revolvers accrochés contre le mur avait beaucoup de gaieté. Assis droit à une table derrière une bouteille d'encre violette, un officier me faisait face. Ses yeux bridés étaient clos. À chaque inspiration j'entendais craquer le cuir neuf de son ceinturon. Il dormait. Sans doute un Ouzbekh de Bactriane, aussi étranger que moi ici. J'ai laissé mon passeport sur la table et suis allé déjeuner. Je n'étais pas pressé. On ne l'est pas quand il s'agit de quitter un pays pareil.

[...]

Ensuite j'ai fumé un narghilé en regardant la montagne. À côté d'elle, le poste, le drapeau noir-rouge-vert, le camion chargé d'enfants pathans leur long fusil en travers des épaules, toutes les choses humaines paraissaient frustes, amenuisées, séparées par trop d'espace comme dans ces dessins d'enfants où la proportion n'est pas respectée. La montagne, elle, ne se dépensait pas en gestes inutiles : montait, se reposait, montait encore, avec des assises puissantes, des flancs larges, des parois biseautées comme un joyau. Sur les premières crêtes, les tours des maisons-fortes pathanes luisaient comme frottées d'huile ; de hauts versants couleur chamois s'élevaient derrière elles et se brisaient en cirques d'ombre où les aigles à la dérive disparaissaient en silence. Puis des pans de rocs noirs où les nuages s'accrochaient comme une laine. Au sommet, à vingt kilomètres de mon banc, des plateaux maigres et doux écumaient de soleil. L'air était d'une transparence extraordinaire. La voix portait.

J'entendais des cris d'enfants, très haut sur la vieille route des nomades, et de légers éboulis sous le sabot de chèvres invisibles, qui résonnaient dans toute la passe en échos cristallins. J'ai passé une bonne heure immobile, saoulé par ce paysage apollinien. Devant cette prodigieuse enclume de terre et de roc, le monde de l'anecdote était comme aboli. L'étendue de montagne, le ciel clair de décembre, la tiédeur de midi, le grésillement du narghilé et jusqu'aux sous qui sonnaient dans ma poche, devenaient les éléments d'une pièce où j'étais venu, à travers bien des obstacles, tenir mon rôle à temps. « Pérennité... transparente évidence du monde... appartenance paisible... » moi non plus, je ne sais comment dire... car, pour parler comme Plotin :

Une tangente est un contact qu'on ne peut ni concevoir ni formuler.

Mais dix ans de voyage n'auraient pas pu payer cela.

Ce jour-là, j'ai bien cru tenir quelque chose et que ma vie s'en trouverait changée. Mais rien de cette nature n'est définitivement acquis. Comme une eau, le monde vous traverse et pour un temps vous prête ses couleurs. Puis se retire, et vous replace devant ce vide qu'on porte en soi, devant cette espèce d'insuffisance centrale de l'âme qu'il faut bien apprendre à côtoyer, à combattre, et qui, paradoxalement, est peut-être notre moteur le plus sûr.

Repris mon passeport paraphé, et quitté l'Afghanistan. Il m'en coûtait. Sur les deux versants du col la route est bonne. Les jours de vent d'est, bien avant le sommet, le voyageur reçoit par bouffées l'odeur mûre et brûlée du continent indien...

L'usage du monde
© Éditions La Découverte, 1985

SENSATIONS

ALEXANDER BURNES

Dans l'ombre des jardins

Figure légendaire du « Big Game » auquel se livrent la Grande-Bretagne et la Russie en Asie centrale au XIXᵉ siècle, l'Écossais Sir Alexander Burnes meurt assassiné en 1841 à Kaboul lors d'une révolte contre les Britanniques. Grand connaisseur de l'Afghanistan, il fut l'un des premiers Occidentaux à s'aventurer dans le pays au début des années 1830.

La saison nous offrit le même aspect de gaieté à Caboul, où nous arrivâmes à une époque favorable pour la voir. Cet état du printemps peut donner une idée exacte de la hauteur relative des différentes villes, et de la marche de leurs saisons.

Caboul est à plus de 6 000 pieds au-dessus du niveau de la mer. Je passai des journées délicieuses dans ses magnifiques jardins. Un soir j'en allai voir un très beau, en compagnie du nabab ; il était à 6 milles de la ville. Tous sont bien arrangés et bien entretenus ; les arbres fruitiers sont plantés à des distances régulières les uns des autres, et presque tous ces jardins s'élèvent sur la pente du terrain, en plateaux ou étages l'un au-dessus de l'autre. Le sol était couvert de fleurs tombées qui avaient été poussées dans les coins comme de la neige. Le nabab et moi nous nous assîmes sous un poirier de Samarcand, qui est l'espèce la plus renommée dans le pays, et nous admirâmes la perspective. La variété et la quantité des arbres fruitiers étaient considérables. Il y avait dans le même verger des pêchers, des pruniers, des abricotiers, des poiriers, des pommiers, des cognassiers, des cerisiers, des noyers, des mûriers, des grenadiers et des vignes. Des rossignols, des merles, des grives et des pigeons faisaient entendre leur ramage, et des pies babillaient presque sur chaque arbre, ce qui n'était pas sans charme, car cela me rappelait l'Angleterre. Je fus surtout ravi du rossignol, et quand nous fûmes revenus, le nabab m'en envoya un en cage, il chantait toute la nuit. On l'appelle le *boulboul i hazar dastan* (le rossignol des milles contes) ; il semble réellement imiter le chant de chaque oiseau. La cage était enveloppée de toile ; l'oiseau devint un compagnon si bruyant, que je fus obligé de le renvoyer afin de pouvoir dormir. Il vient de Badakchan.

Le plus beau jardin des environs de Caboul est celui qu'on nomme le Jardin du Roi ; il a été planté par Timour Chah, et est au nord de la ville : sa surface est à peu près d'un mille carré ; la route qui y mène, longue de 3 milles, formait le terrain royal des courses. Au centre du jardin s'élève un grand pavillon octogone ; des allées, partant de chacun de ses côtés, sont ombragées d'arbres fruitiers, ce qui produit un très joli effet. Un siège en marbre devant la façade montre l'endroit où les rois de Caboul s'asseyaient au temps de leur prospérité. Les habitants aiment passionnément à venir se promener dans ces jardins ; tous les soirs on les voit y aller en troupes nombreuses.

Voyages de l'embouchure de l'Indus à Lahor, Caboul,
Balkh et à Boukhara ; et retour par la Perse.

C'est l'impitoyable conquérant Babur qui aurait introduit en Afghanistan le goût des jardins, inspiré par les
créations timourides de Samarcande et d'Hérât. On lui
doit en particulier le *Bagh-e Babur*, aménagé à Kaboul
entre 1504 et 1528. Étagé en terrasses au-dessus de la
ville, celui-ci couvrait une dizaine d'hectares. De plan
rectangulaire, il reprend le modèle classique persan du
chahar bagh, jardin enclos de murs et divisé en quatre parties séparées par des canaux se coupant à angle
droit. Le canal principal descend en cascade l'axe central du jardin, agrémenté de bassins et de fontaines.
Des allées rectilignes mènent à des plates-formes, des
kiosques, des pavillons. Préfiguration terrestre du jardin
d'Éden, il est principalement planté d'arbres fruitiers qui
évoquent l'abondance. Tout comme le cyprès, orangers
et citronniers y symbolisent l'éternité. Babur décrit à
plusieurs reprises son «Jardin de la Fidélité» dans ses
mémoires, le *Babur-Nama*. Il l'appréciait tellement qu'il
décida d'y être enterré. Protégé et embelli par ses descendants moghols, le Jardin de Babur est réaménagé par
Amir Abdul Rahman à la fin du XIXe siècle : il se couvre
alors de platanes d'Orient et d'une profusion de roses
sauvages et de jasmins parfumés. Le jardin et ses monuments seront malheureusement ravagés par les guerres
des dernières décennies, auxquelles s'ajoutent la sécheresse, la pénurie de bois... Depuis 2002, à l'initiative
de la Fondation pour la Culture de l'Aga Khan, une restauration complète du *Bagh-e Babur* est en cours pour
redonner vie à ce site enchanteur, cet «espace fermé»
ou *pairi-daeza* en persan, d'où nous vient le mot «paradis»...

Les nourritures terrestres

Apparaissant sous le pseudonyme de Christina dans le récit d'Ella Maillart, Annemarie Schwarzenbach brosse un tableau de l'Afghanistan bien différent de celui de sa compagne de voyage. Personnalité complexe, lesbienne, toxicomane, «ange dévasté» selon Thomas Mann, Schwarzenbach s'attache davantage à capter les instants fugitifs où le réel, dans sa simplicité harmonieuse, entre en résonance poétique avec sa propre quête : «La nostalgie de l'Absolu est sans doute la véritable motivation de tout vrai voyageur. »

Nous n'avions pas à nous soucier où trouver à manger, où passer les heures de midi, ni de ce que la prochaine nuit nous apporterait.

Dans le premier village après Herât, en pleine montagne, nous fûmes reçues par le maire et sa nombreuse suite dans une pièce fraîche à l'intérieur de sa maison aux allures de fortin. Les raisins qu'il nous fit apporter de son jardin étaient sucrés, ils avaient une peau très fine et étaient encore gorgés de la chaleur du soleil. Le soir, nous arrivâmes à Qal'eh-ye Now, et des soldats nous escortèrent à travers le petit bazar jusqu'à la résidence du gouverneur. Dans un jardin de fleurs entouré de hauts murs de terre, on nous assigna une maison d'hôtes toute neuve, manifestement encore jamais habitée ; on commença par nous apporter du thé, puis, pour que nous puissions nous laver les mains, la coupe ciselée et l'aiguière aux belles formes arrondies que le serviteur manipulait avec habileté. Après, le jeune domestique attendit dans le jardin, observant discrètement le moindre de nos gestes, devinant nos désirs. Une porte basse s'ouvrit alors dans le mur du jardin, et à la lueur des flambeaux une petite procession s'avança vers nous : domestiques en turban blanc apportant le pilaf, un plat de riz accompagné de poule, de viande de mouton cuite et rôtie. Il y avait aussi des petits plats de légumes, des assiettes remplies d'épices fortes et de confiture de coing, et aussi des pains plats et ronds, des raisins, des melons, des pêches. Une table de cocagne couverte des fruits les plus magnifiques.

[...]

À Bâlâ Morghâb, on nous offrit des poissons pêchés dans le fleuve qui se perd dans le sable du désert, quelque part près de Merv, mais qui est encore ici un torrent de montagne tumultueux et profond. Nous restâmes deux jours dans la résidence antique où les cours se succèdent, où de nombreux domestiques et hommes armés occupent les porches. Nous dormions sur le toit en terre battue, et par-delà les rangées de peupliers du jardin nous pouvions voir la plaine jaune, frémissante de chaleur, les prémices des grandes steppes de l'Asie.

Je me souviens avoir été accueillie un matin par le hakim de Kala-e Wali. Il y avait – comme partout – du thé rouge et du thé vert. Les melons furent ouverts et goûtés par des connaisseurs avant qu'on nous en offre des morceaux savamment découpés. Par une petite fenêtre encadrée de bois sculpté ménagée dans le mur de notre chambre sombre et fraîche du sérail, nous pouvions voir la place du bazar où s'étaient retrouvés pour le jour du marché des nomades venus à pied et à cheval, des caravaniers, des paysans avec leurs ânes.

À Qaisar, nous passâmes les heures chaudes de la journée en compagnie de la très digne et aimable épouse du maire et de leurs fort jolies filles ; on avait étalé des tapis à l'ombre des arbres, et la table était mise à l'européenne. On nous servit le riz à table. Seule la mère participa à notre repas ; pendant ce temps, ses filles et ses petits-enfants mangeaient leur pilaf sur le tapis. Avec dextérité, ils plongeaient les doigts dans le plat pour en retirer du riz, mais aussi quelques rares morceaux de viande et des légumes. [...]

Il faut savoir que tous les habitants sont loin de pouvoir s'offrir du riz et de la viande de mouton. Dans les tentes des nomades, il n'y a souvent que du lait caillé et un peu de pain. Et dans beaucoup de villages, les pauvres n'en ont même pas autant. Au Turkestan, où les jardins et les échoppes des bazars regorgent de fruits en été, j'ai vu s'annoncer quelques mois plus tard l'hiver le plus impitoyable qui soit. Ces mêmes lieux n'étaient plus qu'un désert fouetté par un vent glacial et enveloppé d'épaisses nuées de poussière, et dans les huttes en terre des paysans on vivait très chichement. Mais malgré ces difficultés, je fus accueillie à cette saison, dans le dernier village avant le désert, par des femmes qui riaient et me faisaient signe. On m'emmena chez le hakim qui était assis sur un tapis de feutre et fumait une pipe à eau. Pendant qu'on m'offrait du pain et un petit bol de thé non sucré, jeunes et vieux m'entouraient, les enfants me regardaient ébahis, les belles jeunes filles touchaient mes vêtements, le médecin me posait des questions à la fois graves et aimables, puis il me donna un cheval et un guide pour que je ne rate pas mon chemin. Dans ce village du désert et dans le riche jardin de Shibargan, la cordialité était authentique, et c'est cette vertu qui rend l'Afghanistan cher à mon cœur.

Où est la terre des promesses ?,
traduit de l'allemand (Suisse)
par Dominique Laure Miermont
© Éditions Payot & Rivages, 2002

Décrite par tous les voyageurs, l'hospitalité afghane traditionnelle est légendaire. À côté des innombrables *tchaikhana*, « maisons de thé » où l'on peut boire et manger à toute heure, chaque village a sa maison d'hôte pour recevoir et loger les étrangers de passage. Les invitations chez l'habitant sont courantes, occasions de banquets sans fin où le maître de maison propose ce qu'il a de mieux. Il en va de sa réputation ! Mais cette vision d'apparence idyllique a été mise à mal par les terribles années de sécheresse qui ont frappé le pays entre 1998 et 2002. Dans certaines régions reculées, les habitants ne se nourrissaient plus alors que de pain et de thé. Le scorbut a fait son apparition. Grâce au soutien de l'aide internationale, la situation s'est améliorée. Toutefois, le Programme Alimentaire Mondial estimait encore en 2006 que 6,5 millions d'Afghans au moins devaient faire face, « de façon temporaire ou permanente, à une pénurie alimentaire ».

PATRICK DENAUD ET BÉATRICE GITTON

Un *Qabili Palao*

Contribution originale à la connaissance de l'Afghanistan,
Saveurs afghanes *ou* La cuisine du Gandhara *permet de
partir à la découverte de traditions alimentaires et d'un art
culinaire méconnu, tout en faisant retour sur l'histoire mou-
vementée de ce pays meurtri. Extrêmement documenté, c'est
aussi un livre de recettes.* Noche-e djan! *Bon appétit!*

QABILI PALAO
Riz aux raisins et aux carottes

FICHE DE MARCHÉ

Pour quatre personnes

500 g de riz; 800 g d'épaule d'agneau; 300 g
d'oignons hachés; 250 g de carottes (zardak); 100 g de
raisins secs noirs; 1 cuillère à café de sucre en poudre;
2 cuillères à café de quatre-épices; 2 litres d'eau; sel,
poivre, huile végétale ou beurre.

Rincez le riz, faites-le tremper durant 2 heures.
Dans une grande casserole, faites chauffer de l'huile
puis faites dorer les oignons hachés.

Ajoutez les morceaux de viande et le sel, faites dorer la viande sur toutes les faces.

Lorsque la viande est dorée à point, versez 50 cl d'eau, couvrez et laissez mijoter.

Le bouillon doit réduire de moitié. Réservez au chaud.

Pendant la cuisson de la viande, lavez et épluchez les carottes et coupez-les en fins bâtonnets. Faites chauffer l'huile dans une poêle et faites-y revenir les carottes saupoudrées de sucre. Laissez cuire jusqu'à ce quelles soient tendres et dorées. Retirez les carottes, faites blondir les raisins et réservez. Faites bouillir 1 litre et demi d'eau, avec une cuillère à soupe de sel. Égouttez le riz, versez-le dans l'eau bouillante et faites cuire 3 minutes. Passez le riz, mettez-le dans une marmite, versez le bouillon et le quatre-épices, mélangez.

Placez la viande d'un côté, les carottes et les raisins de l'autre.

Fermez hermétiquement et mettez au four (thermostat 3/4), pendant 45 minutes.

Pour servir, déposez dans un grand plat la moitié du riz et les morceaux de viande.

Recouvrez avec le reste du riz, décorez avec les raisins et les carottes.

Saveurs afghanes,
La cuisine du Gandhara
© Éditions du Félin, 2002

La voix de l'Afghanistan

*André Velter, poète et essayiste, accompagné d'Emmanuel
Delloye, qui fut professeur à l'université de Kaboul, font
ici revivre les bazars de la capitale à l'époque où, avant la
guerre, avant les ruines, les cris entremêlés des teinturiers et
des orfèvres, des boulangers et des herboristes, des oiseleurs
et des joueurs de cerfs-volants tissaient un voile sonore et
joyeux au-dessus de la ville.*

La cohue marchande, piétonne et motorisée de Sang
Tarâchi développe une ronde disparate, une frénésie de
bruits. Klaxons, crécelles, sonnettes, radios époumonées,
disques lacérés, cassettes déchirantes, interpellations,
onomatopées, injures et tous les cris des métiers ambu-
lants ou sédentaires. Voilà une charrette et l'homme qui
module : « *Lablabou-hâ-â-â-e-chirin!* » Betterave douce!
Son vis-à-vis répond en désignant ses oranges amères :
« *Khoch bouy nârendj!* » Orange parfumée! Passe un
brocanteur spécialisé dans le rachat des gilets usagés,
brodés au fil d'or, qu'il dépenaille pour extraire le métal :
« *Kôna Zari Kô!* ». Puis si l'or, le Zar, se fait rare, l'appel
se contente de peu, de presque rien, de déchets : « *Pipâ-
e-Kôna! Tayrâ-e-Kôna! Râbar-e-Kôna!* » Vieux bidons!
Vieux pneus! Vieux caoutchouc!
Depuis son tas d'ébréchures, un réparateur de por-
celaine psalmodie crescendo : « *Piyâlâ-e-chekesta!*

Tchâynakâ-echekesta! Kâsâ-e-chekesta! Byâren ke patra konom!» Tasses cassées, théières cassées, plats cassés, apportez-les que j'y mette une agrafe! Arrivent des ouvriers qui brandissent des pelles, des seaux, des cordes, et qui hurlent un court slogan : *« Tchâ sâf! »* Nettoyeur de puits! Ce sont eux qui vont descendre sous terre pour curer et recreuser le puisard ; eux aussi, quand un animal est allé crever dans la fosse, qui retirent à perdre haleine 100, 50, ou 40 seaux d'eau à la suite : coutume sanitaire imposée par l'Islam en guise d'épreuve purificatrice... Ailleurs, des diseurs de bonne aventure s'égosillent : *« Fâl bibinen fâl! »* Voyez votre destin, votre destin !

Alors le marchand de Gandana se déchaîne : *« Tâza Gandana! Delgha Gandana! »* Gandana frais! Gandana jeune et tendre! Et ce Gandana, ce légume intraduisible qui n'est ni poireau, ni oignon, ni fines herbes et qui conjugue les trois, délie la langue du vendeur, et celui-ci troque son cri pour le murmure d'une vieille histoire.

Les bazars de Kaboul

Si on compte davantage de parlers que d'ethnies en Afghanistan, le pashtou et le dari – une variante du farsi ou persan – sont les langues majoritaires et officielles du pays. Malgré quelques différences, toutes deux s'écrivent avec un alphabet arabo-persan. L'écriture peut prendre deux formes, le *nasr* et le *nastaliq*. La première, linéaire, est la plus courante ; elle sert dans l'imprimerie. La seconde, librement ornementée, est utilisée pour la calligraphie.

Aussi loin que l'on remonte dans son histoire, l'Afghanistan est une terre de conteurs et de poètes. Au Xe siècle, c'est à Ghazni que le Perse Firdousi composa l'essentiel de sa célèbre épopée, le *Livre des Rois*, tandis qu'au XVIe siècle le pays inspira au conquérant Babur de remarquables vers. Mais surtout, l'Afghanistan a donné quelques-uns de ses plus grands noms à la poésie persane, tels Ansari (1006-1088), Rumi (1207-1273) et Djâmi (1414-1492). Première poétesse réputée, la princesse Rab'ia de Balkh, est restée une figure légendaire. Kushal Khan (mort en 1689) et plus encore Rahman Baba (v. 1652-v. 1715), surnommé «le rossignol de Peshawar», sont encore parmi les plus vénérés des poètes de langue pashtou. La tradition poursuivie avec les quatrains de Khalilullah Khalili, mort en exil en 1987, et la poésie farouche de Sayd Bahodine Majrouh, assassiné en 1988, se renouvellent aujourd'hui dans les œuvres de Raziq Fani ou de Wali Shaaker.

Pour la majorité des Afghans, analphabètes, la culture se transmet oralement. La poésie est un art populaire qui est loin d'être réservée à une élite ou aux grandes occasions. Dans *Massoud l'Afghan*, Christophe de Ponfilly a filmé cette scène émouvante où le chef de guerre partage avec ses hommes la lecture d'un poème :

« ... Arrosé du courage un rien devient perle

S'il atteint le courant de ma volonté,

À l'image d'un jardin à l'approche du printemps. »

JOSEPH KESSEL

Le *bôzkachi*

Comme le Yémen pour Fortune Carrée, *le Kenya pour* Le
Lion, *l'Afghanistan a inspiré à Joseph Kessel (1898-1979) un
très beau roman d'aventures et l'un de ses meilleurs livres,*
Les Cavaliers. *À travers l'histoire d'une exceptionnelle rencontre de bôzkachi, cette mêlée brutale et passionnée de
centaures, il exalte « la liberté merveilleuse et sauvage » du
peuple afghan.*

L'engagement fut d'une grave lenteur. En silence et
pas à pas les soixante cavaliers enveloppèrent le trou qui
contenait la bête sacrifiée. Quand ils s'arrêtèrent, elle
était cernée d'un anneau compact. Chaque tiers du cercle portait la couleur d'une équipe : le blanc et vert du
Kataghan, le marron de Maïmana, la rouille de Mazar-
Y-Chérif. Cette étrange et immense corolle, poussée à
fleur de terre, demeura un instant tout à fait immobile.

Puis, d'un seul coup, les lanières lestées de plomb se
levèrent comme un peuple de reptiles sifflants au-dessus
des bonnets de fourrure, un hurlement d'une sauvage-
rie démente, alliage de toutes les clameurs, déferla sur
le plateau et la dépouille animale fut recouverte par la
masse des hommes et des bêtes. Huées, invectives, mena-
ces inarticulées... Cravaches qui cinglaient, déchiraient
naseaux et visages... Flux et reflux... Chevaux cabrés de
toute leur hauteur sur l'enchevêtrement des corps et des

poitrails… *tchopendoz* accrochés, suspendus au flanc de leur monture, le front dans la poussière, les ongles griffant, raclant le sol pierreux, afin de trouver le bouc décapité, et le saisir, et l'arracher. Mais à peine l'un d'eux y avait-il réussi que d'autres mains, aussi féroces, aussi puissantes, lui dérobaient la carcasse. Elle passait et repassait par-dessus l'encolure des chevaux, devant leurs yeux, sous leur ventre et retombait à terre.

[…]

Poursuites et reculs, passes et crochets, rencontres singulières et chocs de masse, la troupe hurlante avançait tout de même vers la ligne de chaux vive qui cernait le but. Ils l'aperçurent enfin qui brillait au soleil. Un *tchopendoz* de Maïmana dans cet instant avait le trophée. Il tenta sa chance, essaya de percer. Un cavalier de Kataghan surgit sur son flanc, arracha le bouc, et continua au galop dans la même direction. Encore quelques foulées, et il serait à portée du *Cercle de Justice*. Mais, sur son chemin, un cheval démonté qui courait au hasard lui fit perdre quelques secondes par le détour auquel il l'obligea. Quand il en sortit, une douzaine de *tchopendoz* lui interdisaient le but. Il entendit le galop de ceux qui voulaient l'envelopper, le priver de sa proie. Il piqua droit devant lui, arriva face aux tribunes. La horde le talonnait. Comment lui échapper ?

[…]

Le *tchopendoz* ne prit pas le temps de réfléchir. Un appel d'éperon, un sifflement de cravache et son cheval s'enfonça dans la foule. Les autres cavaliers n'avaient pas hésité davantage. La charge balaya la colline. Fruits, samovars, éclats de bois, turbans, sandales volèrent dans son sillage. Pour les hommes, ceux que les chevaux ne touchaient pas, les fuyards les renversaient.

Les Cavaliers
© Éditions Gallimard, 1976

Le *bôzkachi* réunit un nombre indéfini de cavaliers ou *tchopendoz* qui se disputent (*kachi*) à coups de cravache et au grand galop la dépouille d'un animal (*boz*). Une carcasse de veau, de bouc, de bélier est préparée le jour précédant la partie : éviscérée, décapitée, les sabots sectionnés, elle a passé 24 heures dans l'eau froide pour être raffermie. L'action proprement dite consiste à se saisir du *boz* placé au centre d'un cercle tracé sur le sol – sans descendre de cheval – puis à faire le tour du terrain de jeu, avant de le ramener au point de départ. La lutte est féroce pour s'emparer et conserver la carcasse – qui pèse plusieurs dizaines de kilos – et on ne s'arrête pas aux nez cassés, aux épaules démises, aux jambes fracturées. Le *bôzkachi* «n'est pas un amusement, mais un combat impitoyable et rituel». Répandu dans toute l'Asie centrale, il se pratiquait déjà, dit-on, au temps de Gengis Khan ; une manière d'entraînement au combat et à la maîtrise équestre. Les bons chevaux habitués au jeu valent d'ailleurs des fortunes. En Afghanistan, le *bôzkachi* est répandu dans le Nord, chez les Ouzbeks, les Turkmènes et les Tadjiks ; ce n'est pas une tradition pashtoune. Dans le passé, il y avait chaque année à Kaboul au mois d'octobre un immense *bôzkachi* royal, réunissant des milliers de cavaliers. En 1956, Joseph Kessel eut la chance d'assister à l'événement. Avec Pierre Schoendörffer et Raoul Coutard, il en fera un film, *La Passe du Diable* – dont il n'existe plus aujourd'hui une seule copie ! – et une série de reportages publiés sous le titre *Le Jeu du roi*.

Des hommes qui dansent

Christina commençait à apprécier ces Afghans soli-
des, gais, se tenant par le petit doigt, jouant à se pousser
l'un l'autre contre notre voiture quand nous passions
et riant réciproquement de leur effroi. D'autres s'amusaient de bon cœur lorsque leur monture s'emballait,
car ils étaient fiers de leur bonne assiette à cheval.

Nous avions atteint une large vallée, calme et bibli-
que. Près des meules de paille, le bétail tournait en rond
pour battre le blé. Le soleil brillait; et si je n'avais pas
vu des visages kirghizes rire à notre vue, j'aurais pu me
croire près de Kandahar où je vis une fois quelques paysans se réunir à la fin du jour pour danser leur vigou-
reuse et nerveuse danse afghane sur l'aire fraîchement
balayée.

Elle m'enthousiasme, cette danse; je l'ai toujours
trouvée plus sauvage et plus spontanée que les acroba-
ties caucasiennes du même genre. Le pouvoir magique
du tambourin préside aux bonds, sauts et piétine-
ments de plus en plus rapides. Pirouettant à une vitesse
incroyable, les hommes bronzés rejettent leur chevelure
noire et brillante tantôt en arrière, tantôt de côté. Leur
crinière descend presque jusque sur leurs épaules. Tou-
pies vivantes, ils font s'arrondir autour d'eux, comme
un tutu de ballerine, leur ample tunique blanche qui

s'échappe du gilet serré. Réunis à la cheville, les plis du volumineux pantalon évoquent les élégantes lignes que l'on voit aux vêtements sur les sculptures gréco-bouddhiques vieilles de deux mille ans trouvées dans le pays. La danse finie, ils enroulent à nouveau leur turban sur la tête et utilisent l'extrémité qui pend toujours librement pour essuyer leur visage luisant.

Il semble qu'ils dansent quand ils en ont envie. Il n'y a pas de spectateurs, pas de filles à séduire, pas de boisson pour les exciter. Virilement, magnifiquement, ils expriment ainsi leurs sentiments et leur débordante vitalité. Les matches de football sont la manière occidentale de faire la même chose, mais ils n'extériorisent que la vitalité.

Ce n'est pas seulement à la fin de la journée que les hommes des tribus dansent, et l'aire à battre le blé n'est pas indispensable. Un jour, nous roulions dans un vallon au nord du Baloutchistan. Des hommes y moissonnaient avec des faucilles, tous accroupis en ligne. Sur un signe de l'un d'eux, nous traversâmes le champ craquelé par la chaleur. Rapidement, ils formèrent un cercle, gardant leur outil en forme de croissant à la main, avançant à petits pas lents et compliqués, se penchant tantôt à l'intérieur, tantôt à l'extérieur de leur ronde. Le rythme de leurs gestes s'accéléra, la poussière s'éleva en vagues au-dessus desquelles on voyait s'agiter la masse de leurs cheveux, tandis que leurs bras restaient tendus vers le ciel de midi qui se brûlait lui-même. Par moments, ils poussaient un cri guttural, presque un rugissement. La danse terminée, ils reprirent leur travail ; ils ne semblaient pas fatigués par leur exténuante performance, mais au contraire fiers d'avoir pu montrer leur adresse.

Leur chef d'équipe barbu – leur maître de ballet – expliqua qu'ils venaient d'accomplir la Danse du Tigre.

La Voie cruelle
© Éditions Payot, 1991
© Éditions Payot & Rivages, 2001,
pour la dernière édition

ÅSNE SEIERSTAD

Sous la *burkha*

À l'automne 2001, la Norvégienne Åsne Seierstad, grand reporter, lance comme un défi à Sultan Khan, un libraire réputé de Kaboul : « Je veux vous accompagner, vivre comme vous vivez, toi, tes épouses, tes sœurs, tes fils. » C'est ainsi qu'elle se retrouve immergée au sein d'une famille afghane. De cette expérience rare, elle brosse un portrait de la vie quotidienne dans la capitale de l'après-taliban. Au-delà, c'est aussi un témoignage exceptionnel, « de l'intérieur », sur la condition tragique imposée aux femmes.

Sans cesse, elle la perd de vue. Cette burkha ondoyante se confond avec toutes les autres burkhas ondoyantes. Partout du bleu ciel. Son regard est attiré vers le sol. Dans la boue elle distingue ses chaussures sales des autres chaussures sales. Elle aperçoit le bord de son pantalon blanc et, au-dessus, un filet de sa robe pourpre. Le regard rivé au sol, elle évolue dans le bazar et suit cette burkha qui flotte au vent. Essoufflée, une burkha qui va bientôt accoucher arrive derrière elle, elle peine à garder le rythme énergique des deux premières.

La burkha de tête s'est arrêtée aux toiles à draps. Elle les tâte, examine leur couleur à travers le grillage. Elle négocie, la bouche cachée, ses yeux sombres s'esquissant tout juste derrière la résille, telles des ombres.

La burkha marchande en agitant les mains, son nez pointant parmi les plis, comme un bec. Elle finit par se décider, cherche son sac à tâtons et tend une main avec quelques billets bleus. Le vendeur de draps mesure la toile blanche à fleurs bleu clair qui est aussitôt happée par le sac sous la burkha.

L'odeur du safran, de l'ail, des piments secs et des pakoras chaudes pénètre le tissu raide et se mêle à celle de la sueur, de l'haleine et du savon. La toile de nylon est si dense que l'on sent sa propre haleine.

Elles se remettent à chanceler vers des théières en aluminium de la marque russe la moins chère. Elles touchent, négocient, marchandent et achètent de nouveau. La théière aussi trouve place sous la burkha, qui déborde de vaisselle, de tapis et de plumeaux et devient de plus en plus imposante. Derrière la première burkha arrivent deux burkhas moins déterminées, qui s'arrêtent pour sentir une odeur, toucher des barrettes en plastique et des bracelets dorés, avant de chercher du regard la burkha de tête. Elle s'est arrêtée près d'une charrette où pêle-mêle s'entassent des centaines de soutiens-gorge. Ils sont blancs, jaune pâle ou roses, d'une coupe douteuse. Certains sont accrochés à un mât et flottent, audacieux, tels des drapeaux au vent. La burkha les examine du doigt et les mesure de la main. Ses deux mains émergent des ondes, vérifient les élastiques et tirent sur les bonnets. Une dernière évaluation du regard et elle opte pour un modèle vigoureux aux allures de corset.

Elles se remettent en route, leurs têtes basculant dans toutes les directions pour regarder autour d'elles. Les femmes en burkha sont comme des chevaux avec des œillères, elles ne peuvent voir que dans une direction.

Là où les yeux s'amenuisent, le grillage cède la place à un tissu épais qui n'autorise pas le regard de côté. Il faut alors entièrement tourner la tête. C'est là encore une astuce de l'inventeur de la burkha : un homme doit pouvoir contrôler quelle personne ou quel objet sa femme suit des yeux.

Le libraire de Kaboul,
traduit du norvégien par Céline Romand-Monnier
© Éditions Jean-Claude Lattès, 2003

Après les années de guerre qui ont brisé la marche vers l'émancipation et renvoyé les femmes dans leurs foyers, après l'abominable régime taliban sous lequel beaucoup ont vécu l'enfer, les Afghanes font à nouveau depuis quelques années l'apprentissage de la liberté. Dans la capitale, le *Bagh-e Zanana* ou Jardin des Femmes, rouvert en 2003, et qui leur est exclusivement réservé, propose de l'assistance psychologique, des formations, des activités sportives. Le lycée francophone pour filles a repris ses cours et l'on favorise la réintégration dans le système scolaire des femmes qui enseignaient au péril de leur vie au temps des *taliban*. Peu à peu, les femmes réinvestissent le monde du travail, les hôpitaux, les écoles. Surtout, elles ont fait leur apparition dans la politique : 68 des 249 sièges de l'Assemblée nationale et la moitié des 40 sièges du Sénat sont occupés par des femmes depuis les élections de septembre 2005.

Si la nouvelle Constitution reconnaît l'égalité juridique des femmes et des hommes, dans la réalité, le poids des traditions et l'application des codes tribaux sont des obstacles puissants à l'évolution de la situation. À Kaboul, au moins la moitié d'entre elles porte encore la *burkha* qui n'est plus obligatoire, souvent sous la pression de leurs proches. Les jeunes filles, dès l'âge de 12 ans, peuvent être mariées de force. Les violences sont encore monnaie courante, des coups au viol, voire au meurtre. Celles qui s'enfuient sont emprisonnées pour «fugue», d'autres choisissent le suicide par immolation. Plus généralement, les femmes manquent d'accès aux soins et à l'éducation : 80% d'entre elles sont analphabètes, le taux de mortalité en couches est le plus élevé du monde. Comme le déclarait récemment la ministre de la Condition féminine Habiba Sorabi : «Le retour à une vie normale et à une certaine modernité prendront encore du temps.»

SAYD BAHODINE MAJROUH

Indomptables

Traditionnellement improvisé et anonyme, le landay *est une forme d'expression poétique populaire pratiquée par les femmes pashtounes. Composé d'un simple distique très scandé, il exprime avec la puissance d'un cri les sentiments qu'il faut dissimuler, la révolte contre l'ordre établi et le mariage imposé, les désirs inassouvis et l'amant absent, l'indispensable honneur du guerrier et le sens de la mort au combat. L'écrivain Sayd Bahodine Majrouh a recueilli les plus beaux, les plus forts de ces* landay; *une manière d'hommage à la femme afghane.*

En secret je brûle, en secret je pleure,
Je suis la femme pashtoune qui ne peut dévoiler son amour.

Tu t'étais caché derrière la porte, moi je massais mes seins nus, et tu m'as entrevue.

Volontiers je te donnerai ma bouche,
Mais pourquoi remuer ma cruche? Me voilà toute mouillée.

Ô Printemps! Les grenadiers sont en fleur.
De mon jardin, je garderai pour mon lointain amant les grenades de mes seins.

La nuit, la véranda est sombre et les lits trop nombreux.

Le tintement de mes bracelets, mon amour, te dira le chemin.

Prends-moi d'abord en tes bras, serre-moi,

Après seulement tu pourras te lier à mes cuisses de velours.

Embrasse-moi au vif éclat de la lune,

Dans nos coutumes, c'est à pleine lumière que nous donnons notre bouche.

Pose ta bouche sur la mienne

Mais laisse libre ma langue pour te parler d'amour.

Ma bouche est à toi, dévore-la, ne crains rien.

Elle n'est pas d'un sucre qui risque de se dissoudre.

Demain les affamés de mes amours seront satisfaits.

Car je veux traverser le village à visage découvert et chevelure au vent.

Prends-moi d'abord dans tes bras et sers-moi,

Puis tourne mon visage et baise un à un tous mes grains de beauté.

N'y a-t-il un seul fou dans ce village ?

Mon pantalon couleur de feu brûle sur mes cuisses.

N'as-tu pas honte, avec ta barbe blanche ?

Tu caresses mes cheveux, et je ris par-devers moi.

L'un meurt du désir de me voir un instant,
L'autre me jette du lit disant qu'il a sommeil.

Jamais je ne prendrai un vieillard pour amant,
Qui perd la nuit en projets et se déclare vaillant
quand le jour est levé.

Puisses-tu périr au champ d'honneur, mon bien-
aimé !
Afin que les filles chantent ta gloire chaque fois qu'elles
s'en iront puiser l'eau à la source.

Mon amour ! va d'abord venger le sang des martyrs
Avant de mériter le refuge de mes seins.

Ô mon amour ! si dans mes bras tu trembles tant,
Que feras-tu quand du choc des épées jailliront mille
éclairs ?

Aujourd'hui pendant la bataille, mon amant a tourné
le dos à l'ennemi.
Je me sens humiliée de l'avoir embrassé hier soir.

Reviens percé de balles d'un ténébreux fusil,
Je coudrai tes blessures et te donnerai ma bouche.

Mon bien-aimé ! si tu tournes le dos à l'ennemi,
Ne reviens plus ! Va chercher refuge dans un pays
lointain.

Que l'on te retrouve en pièces par des épées tranchantes,

Mais que la nouvelle de ton déshonneur n'arrive jamais jusqu'à moi.

Le suicide et le chant.
Poésie populaire des femmes pashtounes,
adapté du pashtou par André Velter
Collection « Connaissance de l'Orient »
© Éditions Gallimard, 1994

« Le goût de... »

Réalisation Pao : Dominique Guillaumin

Achevé d'imprimer
sur les presses de l'imprimerie Hérissey
en janvier 2007.
Imprimé en France.

Dépôt légal : janvier 2007
N° d'imprimeur : 103695

135047